*Exercícios
espirituais
para o dia a dia*

Dados Internacionais de Catalogação na Publicação (CIP)
(Câmara Brasileira do Livro, SP, Brasil)

Grün, Anselm

Exercícios espirituais para o dia a dia / Anselm Grün ; tradução de Luana Mayer. – Petrópolis, RJ : Vozes, 2014.

Título do original alemão: Exerzitien für den Alltag

Bibliografia

ISBN 978-85-326-4760-3

1. Espiritualidade 2. Oração 3. Prática religiosa (Cristianismo) 4. Vida cristã I. Título.

14-01096 CDD-248.32

Índices para catálogo sistemático:

1. Oração : Espiritualidade : Cristianismo 248.32

Anselm Grün

Exercícios espirituais para o dia a dia

Tradução de Luana Mayer

2ª Reimpressão
Junho/2016

EDITORA
VOZES

Petrópolis

© by Vier-Türme GmbH, Verlag, D-97359 Münsterschwarzach
Abtei

Título do original em alemão: *Exerzitien für den Alltag*

Direitos de publicação em língua portuguesa – Brasil:
2014, Editora Vozes Ltda.
Rua Frei Luís, 100
25689-900 Petrópolis, RJ
www.vozes.com.br
Brasil

Todos os direitos reservados. Nenhuma parte desta obra poderá
ser reproduzida ou transmitida por qualquer forma e/ou
quaisquer meios (eletrônico ou mecânico, incluindo fotocópia e
gravação) ou arquivada em qualquer sistema ou banco de dados
sem permissão escrita da editora.

Diretor editorial
Frei Antônio Moser

Editores
Aline dos Santos Carneiro
José Maria da Silva
Lídio Peretti
Marilac Loraine Oleniki

Secretário executivo
João Batista Kreuch

Editoração: Fernando Sergio Olivetti da Rocha
Diagramação: Sheilandre Desenv. Gráfico
Capa: Graciela Tocchetto
Imagem de capa: Hey-Hey/freeimages

ISBN 978-85-326-4760-3 (Brasil)
ISBN 978-3-87868-606-4 (Alemanha)

Editado conforme o novo acordo ortográfico.

Este livro foi composto e impresso pela Editora Vozes Ltda.

Sumário

Sugestões para a organização do retiro espiritual, 7

Meditações

1 Meu lar (Lc 15,8-10), 23

2 "Silencie e escute!" (Mc 7,31-37), 31

3 Sua mão sobre minhas chagas (Mc 1,40-45), 41

4 Orar em segredo (Mt 6,5-6), 49

5 O Espírito mesmo ora em nós (Rm 8,14-16), 59

6 "Tu és meu filho amado", "Tu és minha filha amada" (Lc 9,28-36), 65

7 Existência amada (Lc 10,38-42), 75

8 "Tu nasceste de novo" (1Pd 1,14.18.23), 83

9 O segredo de Cristo dentro de nós (Fl 3,7-10), 93

10 Amor crucificado (Jo 15,13; 21,15-17), 101

11 Amor até depois do fim (Jo 13,1), 111

12 A ressurreição em meu cotidiano (Jo 21,1-14), 119

Sugestões para a organização do retiro espiritual

Hoje em dia muitas paróquias oferecem retiros espirituais. Atualmente, é visível a crescente necessidade e a grande busca por uma orientação espiritual para enfrentar os desafios cotidianos. Em muitas paróquias reúnem-se pequenos grupos para ler e debater textos da Bíblia, meditando sobre essas passagens e as transpondo para sua vida cotidiana. Igualmente grande é a procura por uma reflexão espiritual individual; entretanto, muitas vezes, não se encontra um orientador ou orientadora que auxilie na condução da reflexão esiritual. Por isso, apresento, neste livro, doze passagens da Bíblia para tentar incentivá-los no processo de retiro espiritual. Antes que você, caro leitor e cara leitora, iniciem a meditação individual, eu quero fazer algumas sugestões de como melhor seguir as orientações deste livro.

❧ Dias, duração e modo de meditar

Com essas doze passagens bíblicas vocês podem se resguardar em silêncio e em contemplação individual e, ao longo de doze dias, transformar os textos bíblicos e suas interpretações em um retiro espiritual para o seu dia a dia. Períodos que se mostram especialmente indicados para este retiro espiritual individual são o jejum da Quaresma e o período que antecede o advento natalino. Para este período em especial, o ideal é escolher uma passagem e sobre esta meditar dois dias; já no período de jejum na Quaresma, o ideal seria que, para cada semana, fossem escolhidos dois textos, para meditação e expiação espiritual. Entretanto, durante o ano todo, sempre que seja possível e desejado, é aconselhável que se reserve de duas a doze semanas para ler, meditar e se deixar inspirar por esses textos da Bíblia.

✎ Organização do dia

Recomendo a leitura dos textos deste livro, de preferência à noite, antes de fazer sua meditação. Você decide qual é o melhor momento para meditar, durante o seu dia. Se você está fazendo seus exercícios espirituais sozinho em uma casa de retiro, deveria reservar diariamente, de três a quatro vezes, uma hora para a leitura de cada passagem da Bíblia aqui selecionada, meditando e orando. Estruture o seu dia de forma que seja possível para você fazer de tudo um pouco: os seus exercícios espirituais, ir à igreja, orar em silêncio ou fazer um passeio.

Ao decidir fazer esse retiro espiritual diário, deveria diminuir os contatos com o ambiente externo e também se afastar um pouco de seus afazeres cotidianos, evitar assistir à televisão, não ler outros livros que não sejam a Bíblia e reservar, consequentemente, tempo para contemplar o silêncio. É recomendado um período de meditação de uma hora para cada passagem da Bíblia. Verifique quando, em sua rotina diária, é o melhor momento para reservar este tempo para a contemplação. As primeiras horas da manhã são as mais indicadas para fazer este exercício de reflexão. Entretanto, se isso não for possível, você pode escolher qualquer outro momento do seu dia. À noite, você deve reservar quinze minutos para refletir sobre os acontecimentos de seu dia, avaliar tudo que foi feito e meditar como a passagem bíblica escolhida influenciou o seu dia.

Para essa reflexão, recomenda Santo Inácio de Loyola a *Oração de atenção amorosa*, em que se deve avaliar o seu dia e como Deus agiu em você, pelo que você deve agradecer a Ele, o que estimulou sua alma, o que pensou, falou e fez. Depois de um pedido de perdão, pergunto-me o que quero mudar em mim, como renovar minha confiança e minha esperança. E eu escolho deixar a presença de Deus ecoar no meu ser e, cada vez mais, preencher todas as minhas necessidades. Esforço-me para, no correr dos dias, permitir que o amor de Deus aja sobre mim. Pergunto-me também quais são os meus anseios e necessidades e os deposito inteiramente nas mãos de Deus. (Uma recomendação da Irmã Roswitha Bach, Irmã do Instituto da Beatíssima Virgem Maria, Irmãs de Loreto.)

✎ Meditação dos textos bíblicos

Depois que você definiu o horário mais apropriado para a sua meditação, escolha um lugar que seja calmo e adequado para o exercício espiritual. Quando estiver confortavelmente instalado, organize um canto de oração, utilize um ícone ou uma imagem sagrada, uma vela e um assento, como um banco ou cadeira. Você também pode procurar uma igreja ou capela na qual você possa orar sem ser perturbado. Antes de ler a Bíblia, concentre-se e una-se a Deus, sinta-o em seu ser e sinta-se perante sua bondade e sua santidade. Comunique-se com Deus. Você pode iniciar suas orações usando, por exemplo, gestos. Um exemplo é gesticular e unir as mãos formando um reservatório, elevando as mãos, simbolicamente, em direção a Deus, e pedindo para que Ele preencha aquele vazio com suas bênçãos. Peça para que o Espírito Santo abra o seu coração para a Palavra de Deus. Então, sente-se e pegue a Bíblia com mãos cheias de respeito e cuidado. Leia o texto escolhido devagar e atentamente. Deixe que cada palavra penetre em seu coração, tente sentir o gosto de cada palavra e repita tudo de novo, até que as palavras penetrem profundamente em seu coração. Imagine que cada palavra que você lê está lhe sendo dita pessoalmente por Deus.

Quando você estiver lendo uma passagem bíblica que descreve uma cena, como, por exemplo, a descrição de uma cura milagrosa, imagine esta cena de forma bem concreta em frente aos seus olhos. Imagine-se participando desta cena. Coloque-se no lugar do doente que vai até Jesus ou que é tocado carinhosamente por Ele. Olhe para esta pessoa que está nesta cena com Jesus Cristo e deixe que Ele também o olhe. Diga para Jesus Cristo que você está ali neste momento e pergunte-lhe o que Ele tem para lhe dizer. E, então, escute em silêncio o que Jesus tem para lhe dizer como resposta. Talvez Jesus permaneça calado e você não escute nada. Faça a sua pergunta para Ele, neste momento de silêncio. Talvez brote dentro de você uma palavra que lhe mostre o caminho certo. Ou, então, você tenha a sensação de realmente estar conectado a Jesus Cristo. Neste momento, talvez, o mais importante não seja mais o que Ele diz, e sim o fato de você estar em comunhão com Ele. Isso é o suficiente. Permaneça em comunhão com Ele até que sua ligação se desfaça. Neste momento então, continue a leitura do texto e deixe, mais uma vez, que as palavras penetrem em seu coração, ou imagine-se na seguinte cena, descrita na passagem bíblica.

✺ Converse com Jesus em voz alta

Para mim, também um ótimo caminho é conversar com Jesus em voz alta. Eu conto para Ele o que se passa em meu coração. Eu peço para que Ele me guie para a verdade e para a liberdade, para que me diga uma palavra indicando o caminho certo. Quando eu falo com Jesus em voz alta, permaneço alerta e não me deixo desviar. Meu coração fica mais receptivo. Conversar com Jesus utilizando a minha voz e ouvindo-a me emociona de uma forma tão profunda que muitas vezes me vejo em lágrimas. Sinto que Jesus realmente está comigo e conversa comigo. E eu sou confrontado por Ele em minha realidade, em tudo que eu escondo de Deus dentro de mim, o que guardo sob a minha superfície devota, minhas mais íntimas necessidades, onde me desvio de minha verdade e o que realmente desejo. E, ao mesmo tempo em que descubro a minha mais desagradável verdade, percebo que sou aceito e que tudo está bem. Em seguida, uma paz profunda cai sobre mim.

Cada meditação é diferente de outra. Existem vezes em que preciso obrigar-me a permanecer meditando, pois eu quero, a todo o momento, abandonar o exercício espiritual. Então, nestas ocasiões, é suficiente resistir e expor minha inquietação e meu vazio interior a Deus. São Bento designa este exercício de *stabilitas*, quer dizer, constância, segurança, firmeza, resistência. Os pais do monaquismo nos advertem para perseverarmos em nossas celas, mantermos firmemente nossa verdade diante de Deus. Não necessitamos de pensamentos piedosos. O importante é, dizem os monges, permanecer em nossas celas, e oferecer o nosso, muitas vezes, inquieto coração a Deus, para que Ele, desta forma, possa transformá-lo.

◈ Não se coloque sob pressão

Não fique se cobrando sucesso e nem resultados. Não é em todo o exercício espiritual que você consegue perceber Jesus em seu coração. Você não precisa se cobrar nenhuma taxa de sucesso ou se obrigar a, em todas as suas reflexões, sentir a presença de Deus. Muitas vezes, é o suficiente que você persevere e continue. Se você perseverar, virão os momentos de meditação em que você se sentirá profundamente tocado. Quando você pratica regularmente os exercícios espirituais não deve lamentar as experiências que não teve e nem comparar as sensações e emoções que brotam em seu ser com as experiências já vividas em outras reflexões. O importante é você expor a sua situação atual a Deus. Ele irá intervir, mas talvez de uma forma completamente diferente daquela que você espera. Abra-se para ouvir o que Deus tem para lhe dizer hoje, qual a verdade que Ele tem para lhe revelar e qual o caminho que quer lhe mostrar.

⚜ Observe os seus sonhos

Quando praticar os seus exercícios espirituais, preste atenção aos seus sonhos. Especialmente em dias de reflexão e retiro espiritual, Deus nos envia sonhos, que muitas vezes indicam o caminho e respondem às perguntas que fazemos a Ele durante as orações. Muitas vezes, Deus intervém e nos oferece uma visão ou uma palavra para guiar a nossa vocação e orientação para os próximos meses. Para mim, até agora, os sonhos que tive, durante o período de meus exercícios espirituais, tiveram um papel fundamental em meu caminho espiritual. Os meus sonhos têm me ajudado a descobrir o meu carisma e a ouvir as orientações de Deus para as minhas próximas etapas de minha vida. Traga os seus sonhos para as suas orações e pergunte a Deus o que Ele está lhe dizendo. Você também pode meditar sobre as cenas que aparecem em seus sonhos. Você pode explorar e interagir com esses sonhos e, por exemplo, caso apareça alguma pessoa nestes sonhos, pergunte-lhe o que deseja de você. Para muitos é uma ajuda desenhar as cenas de seu sonho e observá-las na presença de Deus. Entretanto, nem sempre é importante que você entenda ou analise o sonho. Muitas vezes, é suficiente que você mostre para Deus a realidade de seu sonho. Desta forma, eu exponho a Deus meus anseios e me uno ao inconsciente dele, para que Ele penetre nas profundezas de meu subconsciente, o ilumine e cure.

⁓ Gestos que ajudam nos exercícios espirituais

Orar em voz alta, às vezes, ajuda-me a conectar com Jesus Cristo. Muitas vezes, um determinado gesto também me auxilia na união com Jesus. É o gesto que representa um receptáculo, uma concha feita com a união das mãos. Com este gesto eu exponho a Cristo as minhas necessidades e expresso meu desejo de que Ele preencha meu vazio interior, representado pelo vazio de entre as minhas mãos. Muitas vezes eu também flexiono as mãos, dobrando-as, ajudando-me nesta conexão com Jesus Cristo. Com este gesto eu demonstro que lhe pertenço e me coloco, inteiramente, a seu serviço. Quando a minha realidade, ou talvez alguma palavra, atinge-me de forma mais profunda, muitas vezes me deito ao chão e coloco minha testa sobre minhas mãos. Este é o gesto conhecido como *prostratio* (prostração), e me lembra de minha ordenação sacerdotal, na qual eu me entreguei, completamente, nas mãos de Deus. Nesta posição de prostração eu sinto toda a minha impotência e toda a força do meu devotamento. Com este gesto expresso o desejo de meu corpo de ser acolhido por Deus, de ser conduzido por Ele e de me sentir protegido por seu amor. Nesse gesto nos vêm à mente as palavras dos Salmos, dizendo: "Ó Deus, Tu és o meu Deus forte; eu te busco ansiosamente; a minha alma tem sede de ti; meu corpo te almeja, como terra árida, exausta, sem água" (Sl 63,2). Quando estou interiormente inquieto, em minha meditação, este tipo de gesto acorda o espírito, que está muitas vezes querendo se dispersar. E, então, eu sinto, com tudo o que há em mim, que me encontro com Cristo.

✒ Deixe que seu cotidiano seja moldado pelas experiências das meditações

Você pode encerrar as suas orações avaliando, silenciosamente, como a experiência foi para você. Também pode fazer um tipo de resumo de tudo o que você quer dizer para Jesus Cristo e transformá-lo em uma oração. Encerre seus exercícios espirituais com uma profunda reverência perante Jesus Cristo, para que Ele observe você com carinho. Então, sente-se e escreva os pensamentos e opiniões mais importantes que, durante seus momentos de oração, ocorreram-lhe. Você pode escrever uma oração, ou simplesmente escreva o que lhe passou pela cabeça e pelo coração: suas impressões, sensações e experiência vivida. Transporte todas essas vivências e experiências para o seu cotidiano. Você não precisa, em seu dia a dia, ficar sempre pensando no que vivenciou em seus momentos de oração e reflexão. Isso seria muito trabalhoso. O que mais vale é você analisar e refletir a qualidade interior do que foi percebido em suas orações e trazer para sua vida cotidiana. É em seu coração, no seu recanto de silêncio e oração que mora este Jesus Cristo com quem você conversou, que veio ao seu encontro; é neste lugar que habita Deus com sua misericórdia e seu amor. Pessoalmente, faz-me muito bem lembrar de que a este meu recanto pessoal de orações não têm acesso aquelas pessoas que, às vezes, por exemplo, entram em meu escritório para me incomodar com problemas reais e muitas vezes banais. Permanece um segredo só meu, que me garante distância de tudo o que me perturba. Esta distância me assegura a liberdade de buscar paz em Deus e não me deixar definir pelos acontecimentos a minha volta. Quando me é possível sentir esta paz interior, então eu posso me dedicar mais equilibradamente aos desafios de minhas tarefas diárias.

Às vezes, também ajuda bastante, ao final das orações, colocar-se um propósito, um objetivo. Entretanto, eu seria muito cuidadoso com isso. Eu mesmo vivenciei, em meus primeiros anos no mosteiro, como a definição de um propósito ou objetivo ao final de minhas meditações pode exigir demais de alguém. Com as minhas autoimposições de uma série de propósitos e objetivos eu acabei me sobrecarregando. Porque, por serem tão numerosos, eu acabei não conseguindo cumprir todos os meus propósitos. Em vez de se propor um objetivo, eu acho melhor que se proponha um exercício. Reflita o que você pode fazer, realisticamente, para transpor suas vivências em seus exercícios espirituais para o seu cotidiano.

Nas meditações sugeridas, indiquei exercícios que irão ajudá-lo a transpor as experiências vivenciadas para se moldar ao seu cotidiano. Entretanto, às vezes, ao final dos exercícios espirituais, é possível que se apresente um objetivo concreto, para modificar algo em sua vida, como, por exemplo, estruturar o seu dia de forma diferente, mudar de emprego, interromper o contato ou retomar o contato com alguma pessoa, ou, simplesmente, finalmente ter a coragem de resolver um conflito em sua vida que há muito pode estar adiando. Outra ajuda prática é, também, fazer um pequeno ritual diário, após suas orações, para relembrar as experiências vivenciadas em seu momento de retiro espiritual. Um exemplo de ritual pode ser começar o dia com certo gesto, uma oração, que tenha sido importante para você no momento de seus exercícios espirituais. Também pode ser o ritual de escrever um diário. Esses rituais nem sempre devem depender somente de nossa vontade, que pode se apresentar temperamental e sem energia para a continuidade. Os rituais são um bom hábito. Nesses hábitos Deus pode interagir em nosso cotidiano, nos encher com seu Espírito a vida e nos guiar em cada passo do dia a dia.

∽ O objetivo dos exercícios espirituais

Ao final de um retiro espiritual deve ser tomada a decisão de dar mais espaço para a ação de Deus em nossa vida. Irmã Roswitha a define, na linha de Santo Inácio, como uma decisão de amadurecimento. A decisão de deixar mais espaço para Deus dentro de cada um, para que Ele nos transforme, para que Cristo cresça em mim e tome conta de meu ser. Para os monges primitivos, o objetivo dos exercícios espirituais é a contemplação, o crescimento profundo em uma oração incessante, a união com Deus na oração. O objetivo é, portanto, não a solução de problemas concretos, mas sim crescer no amor por Deus, descobrir um novo sentido no amor de Deus, que foi derramado "em nossos corações pelo Espírito Santo que nos foi dado" (Rm 5,5). Deus é a meta maior de nossa vida e a única realidade pela qual podemos viver.

Os exercícios espirituais, através do silêncio, da oração e da meditação, levam-nos para mais perto do mistério do Deus trino, que habita dentro de nós. Se em nosso retiro espiritual nosso anseio pelo Deus trino cresce, então a nossa vida adquire um novo sabor. O sabor da vida divina, do amor divino. Então sentimos que a nossa mais profunda vocação é oferecer a Deus, que está presente em nós, cada vez mais espaço para que penetre em nossa vida, transformando-a, até nos tornarmos a imagem única que Deus fez de nós. Por meio da prática da oração incessante, nosso coração começa a orar por si só, volta-se cada vez mais para Deus, que é o único capaz de saciar todas as nossas mais profundas necessidades e desejos. Quando o nosso próprio espírito ora, sem que tenhamos que forçar nada, então cumprimos nossa vocação de cristãos, então nos mostramos como morada do Deus trino. E, então, experimentamos a mesma fascinação dos primeiros monges em seus caminhos de oração. Descobrimos que a oração nos torna seres humanos verdadeiramente dignos e que somente por meio da oração podemos descobrir esta verdadeira dignidade. A oração aprofunda nosso amor por Deus e permite que, em nossos espíritos, cada vez mais se faça a necessidade de alcançar o Deus triuno.

Meditações

1
Meu lar
(Lc 15,8-10)

Você deseja iniciar os exercícios espirituais. Neste retiro, iremos nos exercitar na presença de Deus e da incessante oração. Iniciaremos o caminho que Deus escolher tomar conosco. Faz parte do programa de treinamento para o retiro espiritual que nós sejamos capazes de ouvir, em nossos corações, a voz de Deus, e estejamos atentos para o impulso silencioso com que o Espírito Santo nos toca. O objetivo do retiro é reconhecer nossa vocação pessoal. Cada um de nós recebe um chamado de Deus para através de nossas vidas proclamarmos o amor pelo Deus triuno e tudo aquilo que, somente Ele, pode nos dar.

O objetivo deste retiro espiritual não é resolver nossos problemas, mas sim nos capacitar para que possamos lidar melhor com os conflitos de nosso cotidiano. O objetivo maior é Deus. Deus é a maior realidade. Passamos, muitas vezes, ao lado desta realidade. Nós nos preocupamos tanto conosco mesmos e com nossos problemas que perdemos Deus de vista. Achamos que o nosso cotidiano, com seus problemas, é a realidade. Deus é a causa de toda realidade. Encontrar Deus, contar com Ele, ver Deus como a única verdadeira realidade e que, perante Ele, todo o resto não tem sentido. Deixar que Deus tome cada vez mais conta do meu coração, para que Ele assim reine sobre mim, para viver em Deus e para Deus são os objetivos destes exercícios espirituais. Eu desejo a você um retiro espiritual abençoado; desejo que a oração incessante faça o seu coração renascer, que você redescubra o amor de Deus por você e que reconheça o impulso do Espírito Santo para que você se torne, cada vez mais, a imagem que Deus fez de você.

Eu gostaria de oferecer a você, para acompanhar seu caminho espiritual, alguns textos bíblicos selecionados. Estes textos irão conduzi-lo no caminho de orações e também apresentará para você algumas tarefas para guiá-lo e ajudá-lo a colocar para fora tudo o que está em seu coração e, desta forma, se expondo, permitir que você reconheça a verdadeira realidade de Deus e para que você consiga unir sua realidade à de Deus e deixar que Ele o transforme. Reserve todos os dias uma hora de seu tempo para ler e meditar sobre os textos, para deixar que as palavras entrem em seu coração e para guiá-lo em seu momento pessoal de reflexão. Escreva, diariamente, algumas linhas contando suas experiências e sentimentos nos momentos de oração. Faça um diário de seu retiro espiritual para guardar todas as experiências que você teve neste caminho em direção a Deus. Esta é uma forma de você sempre poder relembrar o modo como foi tocado por Deus e como você se sentiu abraçando cada vez mais a oração.

Como primeiro texto, apresento a vocês a Parábola da Dracma Perdida em Lc 15,8-10. "Ou qual é a mulher que, tendo dez dracmas e perdendo uma, não acende a candeia, e não varre a casa, e procura diligentemente até encontrá-la? E, tendo-a achado, reúne as amigas e vizinhas, dizendo: 'Alegrai-vos comigo, porque achei a dracma que eu havia perdido'." A mulher passa por uma situação que muitas vezes também acontece conosco. Ela perdeu uma dracma. E, com esta perda, ela se perde também. Dez é um símbolo para a totalidade, para o que está completo. Quando a mulher perde esta totalidade, ela se sente perdida, perde seu equilíbrio. Muitas vezes, por estarmos preocupados com muitos problemas e necessidades, também perdemos de vista o que é importante em nossos corações. Fazemos muitas coisas, e até devotadamente, entretanto, muitas vezes, perdemos o vínculo que une as muitas coisas de nossas vidas. Nós rezamos e vamos aos cultos da igreja. Mas nós perdemos nosso equilíbrio, nós nos perdemos e não conseguimos sentir, em nosso coração, a união. Nós perdemos, por desatenção em nossa vida, o que nos torna nós mesmos, diz Gregório de Nissa. Então, Jesus, em nossos exercícios espirituais, nos chama para que voltemos a procurar Deus dentro de nosso coração novamente. Nós precisamos olhar as profundezas de nossa alma e precisamos iluminar a escuridão que encontramos na nossa alma com a luz de nossa consciência para iluminar o nosso inconsciente e aplacar nossas aflições. Nós precisamos limpar a casa, pois acumulamos tanto pó e sujeira que a imagem de Deus fica escondida. Podemos ter perdido a dracma no meio de tantos móveis que colecionamos em nossa casa ou por causa das várias tarefas que temos e que se tornaram tão importantes para nós.

O retiro espiritual significa esvaziar a casa e limpá-la para que Deus se mude para lá e possa habitar em todos os cômodos de nossa morada, para que Deus mesmo ache a dracma em nós, que está escondida em algum lugar dentro de nós mesmos. Gostaria de incentivá-los a pintar uma imagem de seu lar. Não é importante desenhar de forma bonita. Desenhe simplesmente sua casa, com seus andares, salas e quartos. Você tem um porão em sua casa? Em sua casa existem quartos ou lugares fechados, nos quais você não entra? Há quartos que provocam medo em você, porque neles podem estar depositados explosivos ou sentimentos que você quer esconder e que poderiam abalar as estruturas de seu lar? Como é o andar térreo? Em quais lugares você passa mais tempo? Em quais lugares você se sente melhor? É frio dentro de sua casa? Onde você recebe os seus convidados e hóspedes? Você é, realmente, o dono de sua casa ou somente inquilino e tem o proprietário de sua casa tornando sua vida cada vez mais difícil e tentando fazer com que você saia de sua morada? Esses problemas com inquilinos ou proprietários podem gerar muitas preocupações e medos. Os cômodos de sua casa podem estar cheios de preocupação, medos, amargura e inveja. Como é o andar de cima de sua casa? Qual é o seu cômodo preferido? Deus habita todos os cômodos de sua casa ou você o retirou de alguns quartos ou espaços, por se sentir desconfortável com algumas coisas que Ele poderia ver ali? E depois que você desenhar a sua casa, pode preencher cada espaço, cômodo ou quarto com uma descrição dos sentimentos, pensamentos, problemas e preocupações que habitam estes espaços.

E, então, pergunte a si mesmo onde poderia estar a dracma perdida, onde você deve começar a procurar ou onde você deve permitir a entrada de Deus, para que Ele mostre a você onde se encontra a moeda. O místico alemão Johannes Tauler diz que, nas crises de nossa vida, Deus viria pessoalmente em nossa morada e procuraria a dracma perdida. E Ele também faria como a mulher que se encontra nesta situação na passagem bíblica: arredaria os móveis, levantaria as cadeiras para achar a moeda. Talvez a dracma esteja onde você mesmo a colocou pela última vez e simplesmente não se lembra.

Quando você orar e meditar em sua morada, então tente, durante meia hora, conversar em voz alta com Deus. Abra a sua casa para Ele e explique para Ele a sua situação. E, então, pergunte o que Deus tem a dizer para você. Tente imaginar que Deus realmente se encontra ali. Conte para Deus tudo que se passa em você. E sempre pergunte a si mesmo: O que é verdadeiro em minha vida? O que realmente se passa comigo? O que eu devo, finalmente, dizer para Deus, que até agora eu mantive em segredo? Onde devo permitir que Deus entre, para que Ele ilumine com sua luz todos os cômodos de minha casa? Mantenha essa meia hora de oração em voz alta, mesmo que, depois de dez minutos, você queira ficar em silêncio. Mesmo que você não sinta Deus, fale com Ele. Se você ficar com raiva, mostre essa raiva para Deus. Não é fácil orar em voz alta. Mas talvez você aprenda que é uma forma de encontrar a verdade. E somente a verdade é que pode nos libertar. Eu gostaria de desejar, no início de seu retiro espiritual, uma boa conversa com Deus, que Ele comece a iluminar a sua casa com seu amor e sua misericórdia.

Oração

Deus misericordioso e de bondade, enche minha casa com tua luz e teu amor. Mostre-me onde eu escondi a dracma, onde eu enterrei em mim a tua presença sob o peso de meus problemas e preocupações, sob meus medos e tristezas e meus tantos pensamentos e encomendações do cotidiano. Arrume-me por dentro, para que eu possa ver novamente tua imagem. Habite em mim, para que eu possa ocupar todos os cômodos de minha morada, para que eu, junto de ti, possa habitar minha casa e para que eu, contigo e por ti, possa me encontrar, assim como Tu me fizeste. Amém.

2
"Silencie e escute!"
(Mc 7,31-37)

*E*nquanto estava orando em voz alta com Deus, você pode ter percebido que está surdo para Ele, que não consegue encontrar as palavras certas para expor sua verdade para Deus. Podemos dizer muitas coisas, mas às vezes é muito difícil dizer algo que realmente seja importante. Muitas vezes sentimos que devemos nos abrir e falar o que realmente se encontra escondido no fundo dos nossos corações, toda nossa dor, decepção e amargura. Entretanto, as palavras não vêm aos nossos lábios. Devemos começar a falar aquilo que está guardado no fundo de nossos corações. Nós não ousamos revelar a nossa mais profunda verdade. Eu quero apresentar a vocês o segundo texto deste retiro espiritual, a cura do surdo-mudo, em Mc 7,31-37. Ali se lê: "Levaram então a Jesus um homem surdo-mudo, e pediram que Jesus pusesse a mão sobre ele. Jesus se afastou com o homem para longe da multidão". Neste exercício espiritual Jesus nos leva para longe da multidão, longe do barulho de nossa vida cotidiana, longe de todas as pessoas que nos rodeiam e de todas as coisas que nos ocupam. Em grego quer dizer: *kat idian*. Isso também pode significar que somos acolhidos na casa do Senhor e que o aceitamos. Neste exercício espiritual Jesus quer nos convidar a ingressar em sua casa, para que moremos com Ele. Jesus nos acolhe em seu coração, para que nós sejamos capazes de aprender o que Deus quer que trabalhemos em nós mesmos e como Ele quer trabalhar em nós. Por meio de Jesus recebemos esse tratamento especial. Eu tenho a oportunidade de ficar sozinho com Ele e Ele se mostra para mim, somente para mim. Ele me aceita em sua escola e quer curar as minhas feridas. Aqui falamos nas chagas da surdez e da mudez.

Muitas vezes sou completamente surdo para aquilo que Deus tem para me dizer. Fecho de uma maneira meus ouvidos que não sou capaz de ouvir a suave voz de Deus. Uma vez um pai me contou que, quando está trabalhando em sua escrivaninha, ele não consegue ouvir seu pequeno filho gritando. Nós somos, muitas vezes, como este pai; somos tão ocupados, estamos tão concentrados em nossas tarefas que não conseguimos ouvir o chamado de Deus. Infelizmente, também ficamos surdos para aquilo que

Deus tem a nos dizer por meio das pessoas a nossa volta. Nós só ouvimos aquilo que nos agrada, mas não o que nos questiona. Não somos capazes de ouvir pequenos sinais que as pessoas tentam nos dar, para assim nos contar sobre suas necessidades. Nós ouvimos as palavras, mas não as pessoas, não o coração delas, que muitas vezes anseiam por ajuda. Nós nos mostramos surdos. Talvez eu tenha emudecido por que não sou compreendido, porque não me deixam terminar aquilo que quero dizer. Ou talvez eu tenha sido calado porque minha confiança foi traída. Talvez eu tenha ficado mudo perante Deus porque minhas palavras não foram ouvidas. Também pode ser que eu me cale por ter medo de revelar minha verdade perante Deus ou às outras pessoas. Prefiro me esconder atrás de palavras misericordiosas para que ninguém possa reconhecer o que realmente se passa dentro de mim, como eu realmente me sinto.

Jesus cura o surdo-mudo em cinco etapas. Nessas etapas, Ele nos mostra o que realmente significa ouvir e falar, tanto em relação a Deus como também com as outras pessoas. Neste exercício espiritual devemos aprender a exercitar ambos: realmente ouvir e falar. Em primeiro lugar, Jesus toca, com os dedos, os ouvidos do surdo. Ele posiciona suas mãos sobre as feridas. Ele nos mostra onde estamos feridos e doentes. Em grego significa: "Ele coloca seus dedos em nossos ouvidos". Ele fecha, com seus dedos, os ouvidos do surdo. Ele bloqueia nossos ouvidos para que não possamos mais ouvir nenhum barulho que venha de fora e nos impeça de ouvir o que realmente deveríamos ouvir.

Neste exercício espiritual, antes de qualquer coisa, devemos fechar nossos ouvidos para sermos capazes de ouvir o que Deus tem a nos dizer. Ao invés de ouvirmos o barulho de fora, temos que aprender a ouvir o que se passa dentro de nós, ouvir a suave voz de Deus dentro de nossos corações. Quando somos capazes de ouvir a voz de Deus em nossos corações, também somos capazes de ouvir o que as pessoas a nossa volta querem nos dizer. Muitas pessoas fecham seus ouvidos por terem medo de ouvir, nas palavras dos outros, alguma agressão ou rejeição. Quando Jesus nos coloca suavemente os dedos sobre os ouvidos, Ele quer nos mostrar que, mesmo em palavras duras, encontramos o desejo de construir um relacionamento conosco. O segundo passo da cura se dá quando Jesus toca a língua do mudo com sua saliva. Jesus toca o mudo com este gesto delicado, como um leve beijo. Ele o acolhe como uma mãe toca seu filho com seus lábios para curar uma ferida. Não se pode ordenar simplesmente que alguém fale. Primeiro é preciso que se crie uma atmosfera de segurança e aceitação antes que se comece a soltar a língua. Em muitas conversas confidenciais, às vezes é necessário um longo tempo para que se consiga dizer o que realmente está acontecendo conosco. Primeiro precisamos construir uma ponte de confiança, e só então é possível transformar a verdade em palavras.

Fridolin Stier traduz a passagem assim: Jesus "cuspiu e curou a sua língua". Isso significaria que primeiro Jesus tem que interromper nossas palavras para que sejamos capazes de aprender a falar de forma certa. Muitas vezes nos escondemos atrás de muitas palavras. Existem pessoas que, em sociedade e em grupos, falam sem parar. Elas precisam falar sem parar para que ninguém tenha a ideia de perguntar o que elas realmente sentem, o que realmente se passa com elas, qual a verdade dentro delas. Precisamos de muito silêncio neste exercício espiritual para podermos ouvir a Palavra de Deus. O silêncio faz com que nos confrontemos conosco mesmo e com Deus. É necessário não só silenciar nossas línguas, mas, sim, também nossa mente. Falo isso porque, muitas vezes, quando guardamos silêncio, nossas mentes falam sem interrupção. Nossas cabeças funcionam o tempo todo sobre o que devemos ou não fazer, como devemos nos decidir ou como devemos agir. Muitas vezes essas reflexões são simplesmente um desvio do que é a verdade. Preferimos nos concentrar em nossas mentes para não deixar que Deus toque os nossos corações. Podemos até ter pensamentos piedosos, mas eles também estão ali somente para nos escondermos de Deus. Neste retiro espiritual devemos guiar Deus aos nossos corações, para que Ele fale conosco, para que descubra a nossa verdade e para que, com suas palavras, nos cure, traga a paz para nossas mentes, para que suas palavras de amor nos tragam a mais profunda paz.

O terceiro passo de Jesus: Ele olha para o céu. Jesus quer, com esse exercício, chamar nossa atenção para o céu. Ele abre o céu acima de nós por meio de orações ao Pai. O céu se abre para nós quando encontramos Jesus por meio de oração, meditação e guardando o silêncio. E, de um momento para o outro, tudo fica claro. Neste momento podemos dizer sim para nossas vidas, nosso coração se expande. E temos a certeza de que tudo ficará bem. Jesus quer nos mostrar, com sua contemplação do céu, que em cada palavra que falamos ou que ouvimos nos reportamos diretamente a Deus. Cada palavra é fundamentada na Palavra de Deus, que Ele nos fala. Este é o segredo de falar e ouvir de verdade. Devemos aprender a ouvir que cada palavra da Bíblia nos abre os céus, que cada palavra que Deus fala, fala aos nossos corações. Devemos, também, em cada palavra que as outras pessoas nos dizem, procurar o anseio de ouvir a Deus. Aí sim, ouvimos corretamente. E, em cada palavra que falamos, trata-se de trazer Deus para este mundo, falar palavras de amor, que façam com que o amor de Deus seja sentido. O objetivo de qualquer conversa é nos abrir o céu. Muitos de nós já sentimos que, quando conversamos profundamente, o tempo parece parar e sentimos a presença de Deus, que o céu sobre nós se agita e nossos corações ficam longe. O retiro espiritual, que nos fecha os ouvidos e a boca, quer deixar você sensível aos efeitos que trazem o conversar e o ouvir corretamente.

Então Jesus suspira, ou, como também se pode traduzir: Ele geme. Isso demonstra quanta força Jesus precisa fazer. Ele luta por mim, para que eu me decida por Deus, para que eu me liberte de minhas dependências, de minha prisão, para deixar Deus entrar em meu coração. Ele luta contra a minha doença, contra a minha mudez, minha surdez, para que eu me abra para Deus com todos os meus sentidos. E, com seu suspiro, Jesus mostra como Ele sofre por mim, de como Ele não me trata superficialmente, e sim me carrega junto a si. Ele me abre o seu coração para que eu encontre paz, para que meu coração fique saudável e para que eu seja capaz de abrir meu coração completamente para Deus.

Somente depois desses quatro passos é que chegamos à palavra redentora e libertadora: "Jesus diz

para o surdo-mudo: *Effata!*, que quer dizer: Abre-te!"
O meu encontro com Jesus Cristo abre todos os meus
sentidos para Deus: meus ouvidos, para que eu entenda melhor a voz de Deus; meus olhos, para que eu
reconheça Deus em tudo – eu devo, com meus novos
olhos, ater à minha vida, para reconhecer o caminho
de Deus – meu tato, para que eu sinta, no sol e no
vento, o amor delicado de Deus. Santo Inácio nos
guia neste exercício espiritual para que possamos encontrar Deus em tudo neste mundo. Eu estou aberto
quando estou atento para cada coisa em minha volta, para o meu andar, para ficar parado, quando eu
sento, trabalho, respiro e ouço.

A abertura do surdo-mudo para Deus se revela
no momento em que seus ouvidos e sua língua se libertam das amarras. A representação das amarras
demonstra que o doente estava sob o poder de demônios. Jesus o liberta dos demônios. O poder dos
demônios pode nos causar medo ou alguma compulsão. A compulsão de sempre ter que falar sobre
a vida dos outros, para nos distrair. Jesus quer nos
libertar de nossas amarras, prisões, de nossos medos e compulsões, para podermos aprender a falar
e ouvir o que Deus tem a nos dizer. Isso significa ter
uma relação maior com nossas palavras, transformar as palavras em gestos de amor para serem di-
tas palavras que toquem os outros para despertá-los

para a vida, palavras de encorajamento, de conforto e que libertam.

Quando você meditar sobre esses passos para o processo da cura em seus exercícios espirituais diários, então sua meditação não deve se limitar somente aos momentos de silêncio. Leve esses passos de cura para o seu cotidiano, para seu trabalho, para dentro de suas palavras e para tudo que ouvir durante todo o seu dia. Preste atenção ao que você fala e como você ouve, atente para que escute de verdade e fale do fundo do seu coração. Aprenda a ouvir a voz de Deus em tudo que você fizer. Aprenda a falar de forma que cada palavra que você diga saia verdadeiramente de seu coração. Então você irá perceber que suas palavras tocam as pessoas a sua volta, acordam elas para a vida; você sentirá uma conexão mais profunda e perceberá que o céu irá se abrir para você. Então você perceberá que, quando ouve atentamente e fala de forma consciente, você vê o que realmente importa, ouvir a voz de Deus em tudo e que cada palavra está impregnada pela Palavra de Deus. A Palavra de Deus sempre é a palavra do Amor, é a palavra que cria a vida. Exercite-se por meio da meditação desta história de cura, para que seus ouvidos sempre estejam abertos para conversar com Deus e para que sua boca nunca pare de louvar a Deus por todos os momentos que Ele lhe presenteia. Então você pode juntar-se ao louvor da multidão: "Ele fez tudo que há de bom, Ele faz com que os surdos ouçam e que os mudos falem".

Oração

Deus misericordioso, abre meus ouvidos para que eu possa ouvir tua palavra nestes dias de retiro espiritual, para que eu possa ouvir tua palavra com meu coração e para que ela me transforme. Faça-me sensível ao teu suave impulso pelo qual falas a mim. Abre minha boca para que possa louvar tudo o que tens feito por mim. Faça com que, através de mim, teu Espírito Santo fale às pessoas as palavras certas para confortar e incentivar, para que sejam palavras de amor, que curam e confortam, que constroem e que possam romper as reticências das pessoas e lhes ensinar que a vida é única e preciosa. Amém.

3
Sua mão sobre minhas chagas
(Mc 1,40-45)

Quando nos recolhemos ao silêncio do retiro espiritual, então ficamos conscientes da dor que emana de nossos ferimentos. Não existe nenhuma pessoa que, durante sua vida, nunca tenha sido machucada. Exercícios espirituais não são e não substituem terapia alguma ou tratamento, eles são um encontro com Deus. Entretanto, de nada vale esta procura pelo encontro se não levamos a Deus tudo o que se encontra dentro de nós. Quando oramos, devemos levar a Deus toda nossa verdade. Em oração encontramo-nos com Jesus Cristo, o banho curativo que deseja somente curar nossas feridas e todas nossas doenças. Enquanto não expomos e curamos nossas chagas, elas nos perseguem, impedindo que possamos nos entregar totalmente com Deus. As feridas do passado que escondemos nos condenam a machucar os outros ou a ficarmos cada vez mais doentes. Eu me deparo sempre com pessoas que, inconscientemente, revivem novamente os ferimentos sofridos em sua infância. Um exemplo é a jovem que sempre procura namorados que não a levam a sério, como o fazia o seu pai, ou como alguém que procura uma comunidade para se sentir amado e acolhido, como o faria a própria mãe.

Eu gostaria de convidar vocês a mostrar todas as suas chagas, doenças e ferimentos para Jesus Cristo, como na passagem bíblica de Mc 1,40-45, que relata a história da cura do leproso por Jesus. Um leproso se aproxima de Jesus e pede-lhe ajuda. Um leproso é uma pessoa que não suporta a si mesmo, que não se sente aceito e se sente excluído do contato de todos e rejeitado por todos. Muitas vezes isso se torna um círculo vicioso, que não conseguimos quebrar ou do qual não conseguimos escapar. Nós não podemos deixar de nos aceitarmos e não podemos, também, encarar todas as palavras e gestos dos outros de forma negativa. Quando alguém fala, fala de mim. Quando alguém ri, está rindo de mim. Em tudo a minha volta, eu só vejo minha própria rejeição. Desta forma, eu só me excluo, cada vez mais, como os leprosos precisaram fazer em Israel. Eles precisaram mudar-se para uma comunidade própria, longe do contato das pessoas saudáveis. Assim se sentem as pessoas nos nossos dias de hoje. Vivem com medo em comunidades marginalizadas, vivem com suas ansiedades, abnegação, sua incapacidade de conviver com outras pessoas. Têm medo de se expor às outras pessoas. "Eu sou impossível, ninguém pode realmente gostar de mim". O leproso, em nossa passagem, percebe sua angústia e desespero. Ele ousa sair de seu isolamento. Ele caminha até Jesus e cai de joelhos e lhe diz: "Se quiseres, podes me purificar" (Mc 1,40). Assim como o leproso, também nós devemos admitir nossa impotência. Nós não podemos nos curar sozinhos. Nós não podemos, de uma hora para outra, decidir que não queremos mais ser como somos. Precisamos passar pela experiência de sermos aceitos como somos, incondicionalmente.

O leproso acredita que Jesus pode purificá-lo, curá-lo, que Ele pode libertá-lo de toda a sua culpa e rejeição, de seu medo de ser rejeitado, de não ser suficientemente bom ou agradável. E ele também sabe que todas as suas tentativas de romper sozinho este círculo vicioso de autorrejeição e rejeição por parte das outras pessoas estão condenadas ao fracasso. Assim funciona conosco. Nossa cura também só irá começar quando nos entregarmos a Deus, quando nós, assim como o leproso, nos colocarmos de joelhos e, do fundo de nossos corações, clamarmos por ajuda para o único que é capaz de nos ajudar e curar: Jesus Cristo, o Salvador do mundo.

A cura do leproso por Jesus Cristo será contada em quatro passos, que também podem ser os passos para a nossa cura. Jesus tem compaixão para com os doentes. Em grego significa *splachnisteis*. Ele penetra em nossas entranhas. É neste lugar que encontramos todos os nossos sentimentos mais vulneráveis. Jesus não cura os doentes de fora para dentro. Ele sente comigo, Ele sente minha dor em si mesmo. Ele se deixa machucar pelo meu ferimento. Em suas chagas está a minha cura. Então, Jesus me estende sua mão. Ele preenche a lacuna que existe entre Ele e o leproso. Quem não aceita a si mesmo, também não consegue, muitas vezes, alcançar a mão que outros nos estendem. É por isso que Jesus não toma automaticamente a mão dos doentes e, sim, oferece-lhes a sua mão. Ele cria uma ponte que, gradualmente, leva o doente ao seu encontro. Eu conheço muitas pessoas que não conseguem procurar Jesus e mostrar toda a sujeira que carregam consigo. Talvez seja reconfortante saber que Jesus estende sua mão para nós, para que possamos dar nosso primeiro passo para fora do isolamento.

Então Jesus toca o leproso. Não é muito agradável tocar um leproso. Sujamos nossas próprias mãos quando o fazemos. Mas Jesus não tem receio deste contato. Jesus também me toca. Ele me toca também onde eu estou sujo e feio, onde tudo é confuso e onde estão minhas feridas. Ele me toca, exatamente, onde está aquilo que quero esconder de Deus, das outras pessoas e de mim mesmo, porque eu mesmo não consigo encarar aquilo que escondi fundo dentro de mim. Em oração eu deixo que Jesus toque em mim com sua mão que traz a cura, para que Ele me purifique, para que eu me aceite e possa também, assim como Jesus, tocar amavelmente outras pessoas. Com sua mão sobre meu ferimento, assim me diz Jesus: "Eu quero me purificar!" Com esse gesto, Jesus transporta para dentro de mim toda a força de seu amor. Essa palavra não é vazia, mas sim cheia de força, a força que vem do fundo do coração. Nesta palavra Jesus coloca toda a sua afeição e sua aceitação incondicional a mim, sua vontade absoluta de que eu viva, de que eu seja eu mesmo, de que me purifique e me cure, de que eu seja bom e digno, assim como Deus me criou.

A história diz que: "No mesmo instante, a lepra desapareceu e o homem ficou purificado". Conosco isso nem sempre acontece assim tão rápido. Mas quando nós levamos para nossas orações todas as nossas chagas, rejeição e feiura, e nos entregamos a Jesus Cristo, quando Ele derrama o seu amor em nossa abnegação, então, sim, pode acontecer de nos sentirmos incondicionalmente aceitos. De repente eu sinto: Sim, eu posso ser assim como sou. Está tudo bem. Nos exercícios espirituais devemos expor nossas feridas para Cristo, pois tudo que escondemos de Jesus nos falta depois em vontade e nos bloqueia para formarmos uma ponte de encontro com Deus.

Eu convido você para, nos próximos dias, colocar nas mãos de Cristo, trazer para as suas orações, todas as coisas que o machucam ou que você carrega dentro de si e que o fazem não gostar mais de si mesmo. Pratique orar de dentro para fora. Reconheça, em suas orações, sua fraqueza de falhar em tentar tornar-se melhor. Entregue-se nos braços misericordiosos e amorosos de Deus. Entregue-se a Jesus e sinta como Ele sente junto com você, como Ele estende sua mão para você e o toca. E assim, como diz suas palavras: "Eu assim o ordeno – fique purificado!", sinta o amor poderoso e curativo de Deus fluir até você. Se nesses dias você for comungar, imagine que na Eucaristia Jesus se coloca em suas mãos, toca em você e permeia cada pedaço do seu ser, até aquilo que você esconde e reprime dentro de si mesmo. O pão que você toma para si na Eucaristia é a promessa encarnada de Deus: "Eu ordeno que fiques purificado!" Se Ele assim ordena que você seja purificado, para que tudo fique bem, como se você tivesse sido tocado por Cristo, então assim o é, porque o próprio Cristo aceita você, como você é.

Oração

Senhor, eu venho a ti trazendo tudo que eu não gosto em mim, com toda a minha feiura e abnegação, com tudo que quero esconder dos outros, com minhas chagas que me isolam da comunidade. Eu vos trago a minha verdade e vos peço: toque-me com suas mãos amorosas para que eu possa encarar tudo e a todos, inclusive o que há de desagradável e reprimido dentro de mim, que me exclui da vida. Dai-me uma palavra de amor e aceitação para que eu possa aceitar tudo o que existe em mim, para que possa ver, com o coração, que tudo em mim foi por Vós purificado. Amém.

4
Orar em segredo
(Mt 6,5-6)

O retiro espiritual é um exercício de oração, é um aprendizado da oração. Jesus nos diz como devemos orar no Sermão da Montanha, em Mt 6,5-6: "Quando orardes, não sejais como os hipócritas. Eles gostam de orar em pé nas sinagogas e nas esquinas das ruas, para serem vistos pelos homens. Em verdade vos digo: que já receberam a sua recompensa. Mas tu, quando orares, entra no teu quarto e, fechando a porta, ora a teu Pai que está em secreto. Teu Pai, que vê tudo que está em secreto, te recompensará". Jesus se refere, com estas palavras, à intensa prática de oração dos judeus. Em horas fixas, os judeus rezam no templo e em privado. Mas mesmo a oração pessoal constituía uma obra que devia render algum mérito para certos círculos de fariseus. Eles se colocavam, intencionalmente, em algum lugar para orar, a fim de que os outros pudessem observá-los. Eles queriam alcançar, com suas orações, o reconhecimento do povo. Jesus levanta-se contra esse mau uso da oração. Quando alguém usa a oração para apresentar-se bem para os outros, para Jesus isso não passa de atuação. Ele nos convida a orar em um local solitário, onde ninguém possa nos ver. Jesus fala de uma espécie de despensa, encontrada em galpões ou choupanas em fazendas na antiga Palestina. Nesse lugar devemos entrar para orar e fechar a porta.

Para Jesus, orar é ato solitário, entre o homem e Deus. Não é nenhuma tarefa ou atuação que devemos dividir para brilhar na frente dos outros. Não devemos abusar de nossas orações, nos aproveitando para aumentarmos nossa autoestima. Não pode ser que eu, por orar bastante, tenha o direito de olhar para os outros de cima para baixo ou me sinta melhor do que alguém. Eu me tornaria como os hipócritas, que não entenderam a motivação correta para a oração. Para eles, não é importante o encontro com Deus e sim o seu prestígio pessoal e sua autoestima. O objetivo das orações dos hipócritas não é o encontro com Deus, mas, sim, sair-se bem, sentirem-se superiores aos outros. Suas orações giram somente em torno de si mesmos. Rezar significa deixar que Deus penetre em você, deixar que Ele entre em sua morada, para ficar a sós com Deus e ser transformado por Ele.

Nossas orações devem ser feitas em lugar reservado. Isso não significa, somente, reservar-se da presença de outras pessoas. O reservar-se quer nos dizer que devemos entrar em nosso interior, devemos procurar este local dentro de nós mesmos. Rezar significa ingressar no cômodo secreto do coração e, lá, fechar as portas para todos os ruídos deste mundo. Orar é um ato muito íntimo, acontece no interior de nossa alma. Deus habita o lugar mais escondido em nossos corações. Dentro de nós existe um lugar cheio de silêncio, sem acesso para o que ocorre no mundo a nossa volta, no qual o ruído de nossos pensamentos não pode penetrar. É o lugar em que Deus habita. Neste lugar os pensamentos silenciam, calam-se também nossas autocensuras, os sentimentos de raiva, o incômodo pelo silêncio dos outros, o descontentamento, a amargura, o ciúme e a ambição. É um local de calma e paz em nós. E lá nos sentimos verdadeiramente livres do poder deste mundo, do poder das outras pessoas, de suas expectativas e de suas exigências, seus julgamentos e condenações. Oração não significa apenas falar com Deus sobre nossa vida e perguntarmos a Ele se agimos de forma correta em nossas vidas. A oração significa sim, segundo as palavras de Jesus, nos isolarmos em nosso silêncio interior, ficar a sós com Deus, trazer Deus para este cômodo reservado dentro de nós, nos unirmos com Ele e ficar em paz.

Esta sempre foi a mística que envolve as orações. Evágrio Pôntico, um dos mais importantes monges escritores do século IV, fala de um lugar dentro de nós, onde encontramos nossa luz própria, onde entramos em contato com nosso verdadeiro eu e com a imagem imaculada que Deus fez de si em nós. Ele chama este reservado de "lugar de paz". Neste lugar existe absoluto silêncio, não existem conflitos, que diversas vezes existem em nossas almas; não existe o conflito entre diversas necessidades, entre paixões, emoções e sentimentos conflitantes. Neste lugar nosso coração encontra a paz, reina a paz de Deus. É também o local para onde as disputas entre as pessoas não podem entrar. Não há acesso para a inveja ou a rejeição. Neste lugar não é importante o que os outros pensam ou falam a nosso respeito. Este local reservado é onde encontramos nosso lar, porque o próprio Deus mora dentro de nós. Quando somos capazes de alcançar este lugar, encontramos nosso lar.

Jesus nos diz que Deus, que nos habita, vê tudo o que temos guardado e escondido. Ele enxerga o que temos em nosso coração, conhece cada canto de nossa alma, os lugares onde nos escondemos dele e das outras pessoas. Deus reconhece os motivos egoístas de nossas orações. Perante seus olhos nada fica escondido. Não nos resta mais nada a não ser mostrar a Deus toda nossa verdade. Quando permito que Deus observe tudo o que existe dentro de mim, sinto-me realmente livre. Como Jesus nos diz no Evangelho de João, somente a verdade nos libertará. Quando não tenho nada para esconder de Deus, então paro de me condenar por algo que possa ter feito ou dito. Eu sei que, mesmo o que tenho dentro de mim de escuro, amargo, mau e venenoso, o que há de mais profundo em meu coração, também é habitado pelo amor de Deus. Portanto, não preciso esconder mais nada de mim mesmo. Eu também posso habitar meu lar por completo, porque, mesmo nos cantos mais escuros do porão, habita Deus. E Ele ilumina e cura tudo com a luz envolvente de seu amor. Muitos habitam somente uma parte de seus lares. Os cômodos desocupados de seu lar podem causar danos. Tudo aquilo que escondemos de Deus, de nós mesmos e dos outros, também nos falta em vitalidade.

Na história da espiritualidade, este local interno reservado, no qual devemos nos resguardar em oração, foi descrito de várias formas diferentes. Os Padres da Igreja falam do Santíssimo Sacramento, do Santíssimo, *Sanctissimum*. Eles se referem ao Templo, que possui muitos tribunais e salas, que estão reservados para os gentios, para os homens e para as mulheres. Somente os sumos sacerdotes podem ingressar no Santo dos Santos. No santuário de nossos corações, somente Jesus deve entrar, para junto a nós orar para o Pai. Este cômodo é fechado para os gentios, para as preocupações que nos atormentam, para nossas preocupações com o sustento, o trabalho, a família, os amigos e preocupações conosco mesmos, com nossa saúde, fraquezas, medos e nossa ânsia de sermos perfeitos. Neste santuário, que eu encontro por meio da oração, posso me tornar santo, eu posso ser curado, saudável e completo; neste lugar é possível encontrar meu esplendor original, a beleza intocada com que Deus me criou.

Catarina de Sena fala em uma cela interna, na qual nos reservamos quando oramos, na qual nos encontramos a sós com Deus. Para Teresa de Ávila, a oração nos transporta para o interior da fortaleza de nossa alma, onde conversamos com Deus como o fazemos com um amigo, "porque nós somos aquilo que Ele ama em nós". *Cella est coelum*, dizem os monges, o céu é a nossa cela interior, é lá que o céu se abre para nós. Neste lugar nossas vidas se expandem. Lá sentimos que não somos apenas pessoas sob a face da Terra, mas sim seres celestiais. Nesta cela interior fazemos parte da glória do céu, louvamos a eterna música que vem do céu. Os monges têm ainda mais um termo para designar esta cela interior. *Cella est valetudinarium*, a cela é o lugar onde, quando eu mergulho em oração, fico saudável. Na oração sou envolvido pela presença cheia de amor e cura de Deus, é lá que eu encontro o amor dele para curar minhas feridas. O amor de Deus penetra em meus sentimentos de mágoa e na dor e amargura de meu coração, nos lugares de minha alma onde está o veneno, em tudo que está escondido e inacabado. Neste espaço reservado e cheio de silêncio eu sou curado. Essa cura, que começa no lugar mais recôndito de minha alma, penetra em todos os outros lugares da minha morada, para que a salvação de Deus se espalhe em mim.

Outra imagem, que descreve esse espaço interior de oração, são as imagens do Cântico dos Cânticos. Descreve este lugar como um jardim secreto, fechado, uma fonte selada (Ct 4,12). Em nós brota a fonte do Espírito Santo, a fonte do amor divino. Muitas vezes somos afastados desta fonte por um muro espesso feito de nossas preocupações, impedindo nossa visão. Em nossas orações nós arrumamos, mais e mais, os escombros de nossos pensamentos, e deixamos o caminho até a fonte livre, fonte que nos traz água pura para nosso interior. Em orações bebemos desta fonte de amor. É sobre o próprio amor de Deus que o Cântico dos Cânticos nos fala: "porque é melhor o teu amor do que o vinho" (Ct 1,2). Em oração bebemos da fonte do amor divino, para que possa fluir em mim e em todas as pessoas que eu encontro diariamente.

Outra imagem usada é a do fogo. Essa imagem é usada no Cântico dos Cânticos para o amor de Deus: "meus ardores são labaredas de fogo, fogo divino" (Ct 8,6). Lucas fala do fogo do Espírito Santo. Dentro de nós está o fogo do Espírito Santo, o fogo do amor divino. Quando nos voltamos para dentro de nós mesmos, não encontramos as cinzas de esperanças queimadas, e, sim, a forte labareda do amor. Orar significa sentir em si o fogo do amor de Deus, deixar que este fogo nos aqueça, para que eu também possa irradiar esse calor através de mim. Rezar significa guardar o fogo do amor divino dentro de mim, para que uma faísca dele salte sobre tudo o que eu tenho para fazer.

Assim sendo, gostaria de sugerir um exercício para você: coloque-se em silêncio diante de Deus. Entre neste espaço reservado de seu coração e tente fechar a porta. Reserve para você meia hora, ou talvez uma hora, para ficar simplesmente sozinho com Deus. Preste atenção em sua respiração e como, quando você expira, coloca para fora o entulho que se encontra dentro deste cômodo reservado, que impede sua visão da fonte, do fogo que queima dentro de você. Observe a imagem do Espírito Santo que o curará, pense que você está sozinho com Deus, converse com Ele como com um amigo, assim como Teresa de Ávila nos mostrou. Permaneça assim sentado por meia hora. Você vai perceber que as portas de seu coração não permanecem sempre fechadas e que, mesmo assim, o barulho de seus pensamentos consegue perturbar. Mas não se importe com isso. Observe estes pensamentos e deixe-os passar, como passa uma nuvem no céu. Recolha-se mais ainda dentro do seu cômodo reservado, até chegar onde nada mais pode entrar. Talvez você vivencie momentos de puro silêncio. Esta é a experiência que Jesus quer nos mostrar em sua escola de oração: estar sozinho com Deus, unificar-se com Ele, unificar nossa alma com Ele, viver em Deus: Tu em mim e eu em ti. Talvez você possa dizer o mesmo que disse Teresa: "Quem tem Deus, não sente falta de nada: só Deus basta".

Oração

Senhor Jesus Cristo, Tu nos ensinaste como orar. Ensina-me, neste exercício espiritual, a orar de modo que eu possa sentir Deus nos lugares mais secretos de meu coração. Deixa-me entrar em contato com o cômodo reservado de meu coração, onde Tu habitas, onde posso sentir-me completamente livre e seguro, onde Tu me guias, onde está o meu ser verdadeiro. E lá onde Tu habitas em mim, deixa-me experimentar o que Santa Teresa pôde felizmente vivenciar, que àquele que tem a ti nada faltará, e que somente Tu bastas. Amém.

5
O Espírito mesmo ora em nós
(Rm 8,14-16)

*N*estes exercícios espirituais queremos orientar nossa vida no Espírito de Deus. Paulo nos diz em Romanos como trazer o Espírito Santo para dentro de nossa vida. "Porque todos os filhos de Deus se deixam conduzir pelo Espírito de Deus. Porque não recebestes o espírito de escravidão, para outra vez estardes com temor, mas recebestes o espírito de adoção, pelo qual clamamos: *Abba*, Pai!" (Rm 8,14-17). Se vivemos dentro do Espírito Santo, nos libertamos do medo do julgamento das outras pessoas se somos bons o suficiente. Somos livres e não precisamos passar pelo constrangimento de provar alguma coisa ou de justificar-nos. Existem muitas pessoas que dependem do julgamento dos outros para ter ou não autoestima. Eles são escravos e colocam-se à mercê das opiniões alheias, sua autoestima depende totalmente disso.

O Espírito Santo nos liberta como filhos e filhas de Deus, diz Paulo. Como filhos, nos tornamos livres da influência dos comentários das outras pessoas a nosso respeito, livres do poder deste mundo. Sabendo que sou o filho ou a filha amado(a) de Deus, não preciso implorar por atenção. Não sou mais um servo dos outros, que querem ditar como sou ou devo ser e servir às suas expectativas. Também não sou mais escravo das leis, escravo de minhas regras internas, que me ditam o tempo todo que devo ser melhor, ascender de posição social e ser sempre perfeito. Existem diversos exercícios que me ajudam a viver no Espírito de Deus. Um deles é observar sua própria respiração. Sinta a sua respiração, como ela vem e vai. Imagine que sua respiração não é só o ar que entra e sai de seu corpo e sim a respiração de Deus, do Espírito Santo. Em sua respiração o Espírito Santo permeia seu corpo. Sinta e experimente como você fica em harmonia consigo mesmo, que tudo em você é invadido pelo amor de Deus e por seu Espírito Santo. Deus não é distante, e sim aquilo que você respira, que preenche você com seu suave amor, que lhe oferece um novo sabor, o sabor do amor divino. Assim não somos mais escravos e não precisamos mais ater às exigências dos outros ou de nós mesmos, mas sim vivemos nossa vida como filhos e filhas de Deus, que são livres. Viver no Espírito Santo, para Paulo, significa viver verdadeiramente. Esta é a nova vida que Cristo nos dá.

Principalmente em suas orações, você glorifica essa nova vida. É o próprio Espírito Santo que intercede por nós e que nos auxilia em nossas fraquezas. "Porque nós não sabemos de nada", diz Paulo no v. 26, "porque deveríamos orar no caminho certo, o próprio Espírito Santo intercede por nós". No Espírito, que respira por nós, podemos falar a Deus: "*Abba*, Pai!" (Rm 8,15). *Abba* é aramaico, a língua de Jesus, e aqui nos dá um apelido carinhoso para o Pai, como era usado em família. Com esta palavra "*Abba*, Pai amado", falou Jesus a Deus. Aqui Paulo refere-se à mesma expressão usada por Jesus. Na oração vivenciamos a mesma proximidade de Deus que Jesus experimentou. Algumas pessoas tiveram vivências desagradáveis com seus pais biológicos e, por isso, têm dificuldade de se referir a Deus por pai. Mas Deus vê essa dificuldade. Como todo bom Pai, Ele fortalece minha retaguarda e me dá força e vontade de viver.

Viver no Espírito Santo, como filhos e filhas de Deus, é, para os monges, viver em incessante oração. É o próprio Espírito que ora através de nós. Não precisamos nos preocupar em escolher as palavras certas. Orar incessantemente significa confiar no Espírito que fala por nós. Para Agostinho, orar é o desejo de entrarmos em contato conosco. No fundo de nossos corações, procuramos por Deus, "porque não sabemos o que havemos de pedir como convém, mas o mesmo Espírito intercede por nós" (Rm 8,26).

Orar no Espírito Santo significa, então, que, unindo tudo que é e está dentro nós, devemos procurar o Deus do amor, pois somente Ele pode saciar todas as necessidades e aplacar os anseios. "Se você não interromper as orações, também não interrompe seus anseios", diz Santo Agostinho. "Teus anseios e necessidades são as tuas orações interrompidas." Quando estamos em oração e alcançamos o fundo de nossos corações e percebemos os anseios que nele estão, sentimos que não somos mais, somente, pessoas que habitam a face da Terra, mas sim pessoas que também habitam os céus, nos unimos a Deus. Tente, quando iniciar esse exercício espiritual, pensar em tudo o que você faz por causa dos anseios que estão em seu coração. Sinta como o seu coração transcende a este mundo, em como ele se une ao infinito e incondicional amor de Deus, em sua absoluta segurança. E ore. Você não precisa dizer nada. Os suspiros que estão em seu coração são os suspiros do Espírito Santo. O próprio Espírito Santo ora em você, através de você. A única coisa que você precisa fazer é dar espaço a Ele. Então, o Espírito Santo o conduzirá a um mundo de confiança, ao mundo íntimo de amor do Pai. Junto com Jesus você pode dizer ao Criador do céu e da Terra: "*Abba*, querido Pai!" Junto com Jesus, você se reconhece como filho e filha de Deus. Você não é mais um escravo, não precisa mais seguir nenhuma regra, você está liberto, é liberto como filho e filha amados de Deus. Esta é a verdadeira vida.

Oração

Pai celestial, o teu filho Jesus Cristo me ensinou a chamar-te pelo nome carinhoso de "Abba, amado Pai". Eu agradeço-te por ser teu filho e não mais um escravo, que tem seu valor medido e calculado. Deixe-me viver a liberdade de ser de Deus, e gozar da vossa confiança, que me fortalece e me resguarda, para que eu experimente a vida em liberdade que Tu me presenteaste. Amém.

6
"Tu és meu filho amado", "Tu és minha filha amada"
(Lc 9,28-36)

No retiro espiritual nós saímos do vale de nosso cotidiano para encontrar Deus no alto da montanha da solidão e chegar perto da cura e do amor por Ele. No cap. 9, o Evangelista Lucas nos convida a escalar a montanha mais alta junto com Jesus e lá orar junto com Ele e ser transformado por Ele. "E aconteceu que, quase oito dias depois destas palavras, tomou consigo a Pedro, a João e a Tiago, e subiu ao monte a orar. Enquanto Ele orava, mudou-se a aparência do seu rosto, e seu rosto e sua veste tornaram-se brancas e resplandecentes" (Lc 9,28).

Quando oramos de forma intensa, como o fez Jesus, então encontramos, na oração, a imagem que Deus fez de nós mesmos, e então caem por terra todas nossas máscaras, e esta imagem original, criada por Deus, torna-se visível. Para nós mesmos, o que era confuso fica claro. Conseguimos ver tudo de forma clara, transparente. Para Erhart Kästner é a clareza por meio do Eterno, a mudança visível para a transparência total. Na oração ocorre a transformação, diz Lucas. Eu desejo, neste exercício espiritual, que você consiga ter uma experiência de oração intensa, para que tudo que o preocupa e ocupa o seu tempo suma de sua mente e se aproxime da imagem original de você mesmo que Deus criou. Desejo que Deus o ilumine para que você veja através da névoa do vale de seu cotidiano e deixe para trás tudo que o ocupa e encontre o cume da montanha de Deus para experimentar a cura e a transformação junto a Ele.

Quando Jesus foi transfigurado em oração, aparecem Elias e Moisés. Quando nos unimos a Deus em oração e também nos transfiguramos, então também nos aparecem Elias e Moisés. Moisés é a imagem do legislador e do libertador. Quando crescemos em Deus em oração, nossas vidas se organizam e fazemos por nós mesmos o que Deus espera de nós, os mandamentos de Deus são interiorizados. Somente assim nos libertamos dos carrascos egípcios que nos escravizam, que exigem que trabalhemos até a exaustão e nos obrigam a trabalhar cada vez mais, somente para sermos recompensados com mais comida. Moisés nos guia para a liberdade que vem de

Deus. Ele nos guia até a terra prometida, onde podemos ser como nós somos, onde não somos comandados e sim guiados por Deus. Deus nos transforma em oração e somos invadidos pela sua vontade, nos libertamos de nossos medos, do temor de que não tenhamos o bastante e de não termos comida suficiente em nossas panelas.

Elias é a imagem do profeta. Ele é o grande profeta do Antigo Testamento, um homem com chama interior. Ele nos mostra que também nós temos uma vocação profética. Quando nos abrimos para Deus em oração, então descobrimos qual o mandamento de Deus para nós. Todos podem trazer a este mundo algo de Deus, que faz com que nós brilhemos, única e exclusivamente, por intervenção e iluminação de Deus. Todos têm uma palavra para dizer em sua vida que só pode ser ouvida por meio de Deus. Neste exercício espiritual devemos aprender a reconhecer nossa vocação pessoal, nossa missão profética, para que, assim, possamos viver de forma autêntica e verdadeira. Assim, eu gostaria de convidar você a fazer o seguinte exercício: Imagine que você se encontra prestes a morrer. Imagine para qual pessoa você deseja escrever uma carta. E, então, escreva uma carta para essa pessoa e conte nessa carta o que você quis transmitir para os outros em sua vida, qual a mensagem que deseja extrair de sua existência. Você não precisa temer, não é necessário que escreva de forma culta ou sofisticada.

Nós nunca conseguimos viver nossa vida da forma que desejamos no fundo de nossos corações. Entretanto nos faz muito bem avaliar o que fazemos em nossas vidas, qual é a linha que guia nossas vidas. Por que nos levantamos todos os dias de manhã cedo, por que eu aceito tudo o que a vida me apresenta? Para que eu me esforço tanto? O que eu desejo transmitir para as pessoas que encontro em minha existência? O que essas pessoas desejam ler em minha alma, meu corpo, coração, em meus olhos e em minhas palavras? Qual é a maior motivação da minha vida, o que eu quero dizer como última palavra, o que quero deixar para as outras pessoas após minha morte? Guarde esta carta consigo para que você possa, de tempo em tempo, reler e pensar em qual poderia ser sua missão profética neste mundo, qual é a mensagem que vem do fundo de seu coração, o que tem a oferecer na sua vida para as outras pessoas. Apesar de Jesus ter se transfigurado, seus discípulos não percebem o ocorrido, pois adormeceram. Isso é reconfortante para nós. Mesmo tendo experimentado da presença de Deus, pouco tempo depois nos esquecemos disso. Nós vivemos como se Deus não existisse. O jesuíta indiano de Mello compara nossa vida com um sono eterno. Nós dormimos e vivemos como em uma ilusão, não vemos a realidade, não vemos a realidade de Deus em nossas vidas.

Quando os discípulos acordaram e viram Moisés e Elias, com suas luzes brilhantes, em frente a Jesus, tiveram vontade de captar e guardar esta imagem, principalmente Pedro. Ele ficou tão entusiasmado com a demonstração de amor de Deus, que queria sair e construir três cabanas, em uma explosão de energia que o invadiu. Em nossos exercícios espirituais, também nós podemos vivenciar esses momentos de pura inspiração e êxtase. Nestes momentos tudo nos fica claro e temos a certeza de tudo estar bem, temos a certeza do amor de Deus. Somos então como Pedro, encantados com Jesus Cristo e com seu amor por nós. Como o salmista diz, queremos ser acordados e sacudidos pelo amor de Deus, por sua santidade, presença e amor. Queremos guardar essa experiência dentro de nós, em nossas vidas. Contamos a Jesus como queremos, a partir deste momento, mudar nossas vidas, que queremos receber e retribuir esse imenso amor com nossas vidas. Entretanto, já no momento seguinte, não nos lembramos mais do ocorrido, ou nos acomete o mesmo medo que se apoderou dos discípulos, assim que uma pequena nuvem encobre e escurece um pouco a claridade. Neste momento não vemos mais nada que não sejam as nuvens. Tudo fica escuro dentro e em torno de nós. É como se nunca tivéssemos sentido a presença de Deus. E, então, sentimos medo. Não sabemos mais o que fazer. A proximidade ou a distância de Deus depende somente de nós mesmos. Após uma vívida experiência da presença de Deus segue-se, quase que necessariamente, uma experiência contrária, nós experimentamos o mal que nos ameaça por dentro e por fora. Do meio desta nuvem espessa nos chama a voz de Deus e diz: "Este é meu Filho amado, escutai-o" (Lc 9,35). Os discípulos haviam percebido a glória de Jesus e agora devem contentar-se em ouvir o que Jesus tem a dizer. A fé precisa da experiência de vivenciar a presença divina. Entretanto, a fé vem, também, de ouvir. E, em determinados momentos em nossas vidas, temos que nos contentar em ouvir a Palavra de Deus.

Neste retiro espiritual temos que aprender a deixar que a Palavra de Deus entre em nossos corações e ouvi-la com um sentimento renovado, com novas forças para ouvir e trazer para nossas vidas aquilo que ouvimos. Quando uma palavra nos emociona, então vivemos dentro de nossos seres uma paz absoluta. Assim como os discípulos, também nós precisamos escalar a montanha da transfiguração. Talvez nós sejamos capazes de vivenciar isso com esse exercício espiritual. Nós precisamos olhar para o vale de nosso cotidiano. Neste lugar, geralmente, nos rodeia muita neblina e nuvens que impedem a passagem do sol. Mas devemos nos concentrar na voz de Deus, que atravessa as nuvens e nos fala: "Este é meu Filho amado, escutai-o. Sua palavra é o vosso alimento. Se vós acatardes sua palavra em vossos corações, então perceberão que também vós sois meus escolhidos, meus filhos abençoados e minhas filhas abençoadas. Todas as palavras da Sagrada Escritura mostram que vós sois amados por inteiro".

Na tradição dos monges existe a prática *lectio divina*, a leitura divina. Eles leem a Escritura Sagrada não para analisá-la com seu conhecimento teológico, mas sim para absorver a Palavra de Deus, para sentir em seus corações a Palavra de Deus e serem transformados por ela. Quando uma palavra lhe toca o coração, então pare e medite, aproveite esta palavra, extraia dela todo o seu sabor. Como Maria, que guarda em seu coração a Palavra de Deus, você também deve mantê-la em seu coração e unir essa palavra ao Espírito Santo e deixar que Ele influencie toda a sua vida. Os monges chamam isso de meditação. Meditação não significa estudar e analisar a

Palavra de Deus, e sim deixar que ela penetre em seu coração, que preencha o seu ser e o transforme.

Os monges dizem que a meditação sobre a Palavra de Deus desperta dentro de nós o desejo por Deus. Na *oratio*, em uma oração intensa, você clama por Deus e recebe a resposta de que a meditação pode aplacar os anseios de seu coração. As palavras divinas nos encaminham para o silencioso mistério de Deus. A isso chamam os monges contemplação. A palavra é superada e a paz do silêncio de Deus recai sobre nós. A palavra me dá o silêncio absoluto, o silêncio de Deus e, assim, unifico-me com Ele, longe de qualquer palavra, pensamento ou imagem.

Desta forma, sugiro a você o exercício da *lectio divina*. Leia as palavras da passagem da transfiguração: "Tu és meu escolhido, meu filho amado. Tu és minha filha amada". Deixe que essas palavras penetrem em seu coração. Imagine que, se isso é verdadeiro, se essa é a maior verdade em minha vida, como eu me sinto? Como encaro, então, meus erros e fraquezas? Como me sinto com minha solidão e tristeza? Deixe que as palavras entrem bem fundo em seu coração, acredite que elas possam penetrar em cada fibra de seu corpo e de sua alma, que a Palavra de Deus cura e liberta, que o silêncio de Deus cura e liberta muito mais do que as várias palavras que você guarda dentro de si, como, por exemplo: "Tu és um fardo para mim. Tu me irritas. Se não fosses tão complicado" e todas as outras palavras que você ouviu desde os tempos de sua infância. Experimente viver um dia inteiro somente com as seguintes palavras: "Tu és meu filho amado, Tu és minha filha amada". Olhe tudo que ocorre a sua volta com novos olhos. Como você se sente então? A Palavra de Deus tem a força de atravessar a barreira de nuvens e neblina de seu cotidiano e de iluminar a escuridão? Quando você deixa que a Palavra de Deus ilumine todos os cantos de sua alma, os vales cheios de medo, tristeza, autopiedade, então a sua vida pode ser transformada pela palavra de amor de Deus. Esta palavra lhe dá a certeza em seu dia a dia de que você é o filho amado de Deus, a filha amada, e que o amor dele é a verdadeira razão de sua vida. E talvez, então, cresça em seu coração uma profunda paz, uma compreensão, uma confiança profunda de que você é amado e querido, escolhido no meio da multidão e de que é único.

Confie na Palavra de Deus. Ela é alimento para o seu corpo e para sua alma. Nem só de pão vive uma pessoa, mas também de toda palavra que vem de Deus. A Palavra de Deus o guia através do vale de seu cotidiano, quando as nuvens encobrem o brilho de sua vida, quando você não sente mais a transformação interna que sentiu em oração. Nós precisamos das duas coisas: da visão da glória de Deus, da contemplação da proximidade de Deus, e da fé que vem através de sua Palavra, que nos guia através do deserto. A Palavra de Deus nos acompanha em meditação e nos guia pelo mistério silencioso do Criador.

Oração

Deus de compreensão, na oração Tu me dás o teu Espírito Santo e Ele me transforma e ilumina. Eu te agradeço por toda a clareza que trazes para minha vida, agradeço pelo Amor que me ilumina e por teu olhar de amor que me transforma, pelos momentos onde tudo me fica claro e me motiva a dizer sim para minha vida, para minha história, para o mundo no qual Tu me fizeste. Permite-me nestes dias de retiro espiritual orar para que me preenchas completamente e me transformes, para que a luz de tua glória me ilumine e me transforme na imagem original que fizeste de mim. Amém.

7
Existência amada
(Lc 10,38-42)

Uma típica passagem para um retiro espiritual é a maravilhosa passagem onde Jesus encontra Marta e Maria (Lc 10,38-42). A tradução de Fridolin Stier nos diz: "E aconteceu que, indo eles pelo caminho, entrou Jesus numa aldeia; e certa mulher, por nome Marta, o recebeu em sua casa; e tinha esta uma irmã chamada Maria, a qual, assentando-se também aos pés de Jesus, ouvia a sua palavra. Marta, porém, andava distraída em muitos serviços; e, aproximando-se, disse: Senhor, não te importa que minha irmã me deixe servir só? Dize-lhe que me ajude. E, respondendo, Jesus disse-lhe: Marta, Marta, estás ansiosa e afadigada com muitas coisas, mas uma só é necessária; e Maria escolheu a boa parte, a qual não lhe será tirada" (Lc 10,38-42).

Todos nós carregamos um pouco de Marta e Maria dentro de nós. Muitas vezes, dentro de nós, fala somente a Marta. Em nossos exercícios espirituais devemos aprender a dar passagem a Maria também. Jesus precisa interceder pela Maria que existe em nós, para que possamos nos sentar e nos permitir orar e ouvir o que Ele tem a nos dizer. Marta é gentil para com Jesus. Ela deseja que Ele se sinta bem em sua casa. Ela é, como Lucas diz: "ansiosa para servi--lo" (Lc 10,40). De tão ansiosa, ela não pergunta a Jesus se Ele quer comer algo, não ocorre a ela que Ele poderia ter alguma necessidade. Ela o vê como um convidado que se senta à mesa para comer. Marta é um exemplo de como muitas vezes lidamos com as pessoas, fazendo muito por elas e preocupados com seu bem-estar, sem perguntar-nos se é isso que as pessoas desejam. Assim lidamos com nossas preocupações, sempre ocupados com o trabalho, ficamos cegos por tantas tarefas que nos esquecemos de perguntar por que fazemos tudo isso. E nos ofendemos quando somos criticados. Eu sempre observo como justo as pessoas que mais trabalham e estão sempre ocupadas são as mais sensíveis a críticas. Se você já quase se mata trabalhando, como pode alguém atrever-se a criticá-lo? Como pode a esposa de um marido que trabalha até tarde chamar-lhe a atenção para o fato de ele precisar dar mais atenção aos filhos, lembrar de que os filhos precisam dele? Ele pensa fazer tudo por sua família. Entretanto, não vê que as crianças prefeririam muito mais seu tempo a seu dinheiro. Como um esposo pode querer passear com sua esposa se ela tem tantas tarefas em casa para serem cumpridas. Como pode ele querer algum tempo dela para conversar se ela sacrifica todo seu tempo para a família. Muitas vezes nos escondemos atrás do trabalho para que ninguém nos pergunte se fazemos o certo. Tentamos, por meio de muito trabalho, muitas vezes provar que estamos fazendo o certo.

Certamente o trabalho de Marta não é assim de um todo altruísta. Ela não se preocupa tanto assim com Jesus, o que a preocupa é sua reputação de anfitriã. Ela deseja se sobressair quando for comparada às outras anfitriãs. Jesus precisa ficar satisfeito. Muitas vezes nosso trabalho aparenta ser um serviço prestado aos outros; entretanto, ele serve a nós mesmos, para melhorar nossa imagem e aceitação por parte das outras pessoas. Assim, um trabalho, que a princípio é feito com boas intenções, muitas vezes vira autoafirmação ou um muro, atrás do qual eu posso me esconder. A demonstração de que o trabalho de Marta não é assim de todo altruísta vemos na seguinte queixa amargurada: "Senhor, não te importas de que minha irmã tenha me deixado todo o trabalho para que eu faça sozinha? Diga a ela que deve me ajudar!" (Lc 10,40). Para ela está claro quem tem razão e quem não tem. Quem mais trabalha deve ter também razão. Sua irmã, que simplesmente se dá ao direito de postar-se aos pés de Jesus para ouvir sua palavra, deve finalmente fazer algo de útil. Entretanto Jesus dá razão à irmã de Marta: "E Maria escolheu a boa parte, a qual não lhe será tirada".

Marta e Maria nos mostram os dois lados de nós mesmos. Maria sem Marta seria apenas uma pessoa misericordiosa que permanece ocupada consigo mesma, e isso seria puro narcisismo. Marta sem Maria seria uma ativista que se afirma somente por meio do trabalho, ajudando e sendo caridosa, mas que muitas vezes esquece quais são as reais necessidades dos outros. Dentro de nós também se desenvolve fortemente esta Marta. Ela tem os melhores argumentos a favor de si mesma. Dentro de nós também existe o chamado para que façamos algo que demonstre como somos bons. Quando nos atrevemos, assim como Maria, a guardar silêncio e nos sentarmos aos pés do Senhor para ouvir o que Ele tem a nos dizer, então ouvimos a voz de Marta: "Faze logo algo. Há muito que fazer. Como podes simplesmente te sentar e desperdiçar teu tempo com oração e meditação!" Então, nesse momento, Jesus precisa tomar o partido de Maria. Ela deixa

Jesus falar, confia que Ele tenha algo novo e importante a lhe dizer.

Eu conheço muitos bons cristãos que não somente trabalham muito, mas também fazem muito em sua devoção para provar algo para si mesmos e para mostrar aos outros. Eles oram muito, fazem muito trabalho religioso; entretanto, não dão uma chance para que Jesus lhes fale. Eles acham já saber tudo o que Jesus tem a dizer. Para eles o que conta é orar muito e praticar muitas obras de caridade para que possam sentir-se orgulhosos de si mesmos. Neste exercício espiritual faremos como Maria e nos sentaremos aos pés de Jesus Cristo para ouvir o que Ele tem a dizer. Talvez só consigamos ouvir o silêncio. Talvez possamos contemplar somente nossa falta de paz e nosso vazio. Mas exatamente no momento em que confrontamos nosso vazio é possível ouvir a voz de Deus que vem para nos renovar.

Eu gostaria de convidar você para, nos próximos dias, observar o silêncio quando meditar e ouvir o que Deus tem para lhe dizer. E, mesmo que você não escute nada, persevere, insista. Ele muitas vezes espera até que, em nossos corações, encontremos a tranquilidade total, para que possamos, assim, ouvir sua palavra. Sente-se diante de Deus, aos pés de Jesus Cristo e pergunte se o que está fazendo com sua vida está certo, se seu trabalho é realizado de forma correta ou se você somente quer se autoafirmar, se não carrega um vazio dentro de si. Preste atenção no que Jesus tem para lhe dizer quando, por exemplo, você for passear, ou quando for fazer suas tarefas de casa. Preste atenção no que Ele tem de novo e importante para lhe dizer, para lhe acrescentar. Se você se sentir ansioso diante de Deus, não tente livrar-se desta agitação. Ela também é uma energia importante que pode ser usada para lhe mostrar um novo caminho a tomar, para chegar a outro lugar ou para continuar a fazer o que fez até o momento. Deus nos envia a agitação, Ele o coloca em movimento para que você encontre o caminho até Ele e, assim, encontrar a paz. Talvez, então, você possa viver momentos de profunda paz e tranquilidade e, assim, possa conhecer a verdade. A verdade é que nos basta estarmos diante de Deus, sermos amados por Ele e vivermos em paz com Deus. Talvez você, então, entenda o que Teresa de Ávila quis dizer em suas palavras: "Nada deves temer, nada deve te espantar, tudo passa. Deus não muda. Com paciência consegue-se tudo. Quem tem a Deus nada falta: Somente Deus é suficiente".

Oração

Senhor Jesus Cristo, vem também à minha casa, como fizeste com Maria e Marta. Tu desejas me falar no silêncio do retiro espiritual. Entretanto, muitas vezes, eu me escondo atrás de minhas atividades e de meu trabalho. Muitas vezes me contento de ver algo de ti, mas eu não aguento ficar muito tempo diante de ti, olhar para ti e ouvir tua voz. Eu te peço que me concedas paciência e atenção para que eu, assim como Maria, possa me deter diante de ti e olhar para ti, sem usar isso a meu favor, sem esperar que me dês conselhos imediatamente. Fala comigo no silêncio e mostra-me o que realmente é necessário, que é deixar que Tu entres em minha vida, sentar a teus pés e deixar que cuides de meus anseios. Somente Tu és capaz de saciar meus anseios mais profundos. Amém.

8
"Tu nasceste de novo"
(1Pd 1,14.18.23)

Nos exercícios espirituais, muitas vezes, eu presencio, em conversas, como velhos padrões de comportamento, que foram adquiridos ainda na mais tenra infância, sempre voltam. Um desses velhos padrões é a busca pelo perfeccionismo, que pode ser observado em muitas pessoas. Quando buscamos constantemente o perfeito, sofremos e também nos bloqueamos, tornando, assim, nossas vidas bem mais difíceis. Muitas vezes isso nos impede de nos alegrarmos com as coisas que Deus nos presenteia. Sempre sentimos como se não fôssemos bons o suficiente. Estamos sempre nos colocando sob pressão, também na vida religiosa, para atingir um resultado cada vez melhor. Nossas orações podem nos tornar pessoas melhores e nossas meditações podem nos ajudar a termos mais concentração.

Nós podemos nos dedicar ainda mais à oração. Em nossas orações pode nos ocorrer o que ainda podemos melhorar em nós mesmos, quais erros que, como cristãos, não podemos cometer. Entretanto, se ficamos à volta do perfeccionismo, nos concentramos somente em nós mesmos e nunca conseguimos realmente nos unir a Deus. Nós sentimos como se não estivéssemos nunca prontos para estar na presença de Deus, que está sempre olhando por nós. Estamos sempre somente com as preocupações de dentro de nossas mentes, no que poderíamos ter feito para descobrir Deus em nossas vidas. Muitas vezes o perfeccionismo funciona como uma fuga da rotina e da normalidade de nossas vidas. Por não nos sentirmos perfeitos o suficiente nem entramos na briga. Outro velho padrão, que eu observo muito, é a preocupação constante com o que os outros pensam a nosso respeito. Eu vivo somente em função do que as outras pessoas podem estar esperando de mim. Dessa forma, a única preocupação que tenho é o que os outros podem estar pensando a meu respeito ou querendo de mim. Muitos se tornam especialistas em ficar dias pensando no que as pessoas pensam, no julgamento delas. Mesmo que você tenha consciência deste padrão em si, isso não significa que consiga libertar-se disso. Este padrão sempre volta em seus pensamentos. Algo semelhante a isso, a obsessão de querer agradar a todos. Não pode haver ninguém que fique descontente com você. Este comportamento surge do medo de não ser mais amado caso faça algo que desagrade. Desagradar é o pior que pode me acontecer; quando tenho esse tipo de compulsão, esse sentimento sobrecarrega. Nós não podemos querer agradar a todos, isso é impossível; e também perdemos gradativamente o sentimento para reconhecer o que Deus realmente espera de nós, o que Ele cofia que façamos.

Achei dois versículos na Primeira Carta de Pedro que dão uma resposta para esses velhos padrões que tornam nossas vidas tão difíceis e que, muitas vezes, herdamos de nossos pais. Diz a Carta de Pedro: "Como filhos da obediência, não vos moldeis às paixões que tínheis anteriormente na vossa ignorância; pelo contrário, segundo é santo aquele que vos chamou, tornai-vos santos também vós mesmos em todo o vosso procedimento, porque escrito está: Sede santos, porque eu sou santo. Ora, se invocais como Pai aquele que, sem acepção de pessoas, julga segundo as obras de cada um, portai-vos com temor durante o tempo da vossa peregrinação sabendo que não foi mediante coisas corruptíveis, como prata ou ouro, que fostes resgatados do vosso fútil procedimento que vossos pais vos legaram, mas pelo precioso sangue, como de cordeiro sem defeito e sem mácula, o sangue de Cristo, conhecido, com efeito, antes da fundação do mundo, porém manifestado no fim dos tempos, por amor de vós".

Ser cristão significa, na Primeira Carta de Pedro, que não devemos viver de forma inconscientemente, que não devemos ser controlados por nosso superego, e, sim, tomar nossas vidas em nossas próprias mãos. Antes de termos encontrado Cristo, vivíamos sem consciência, como nos diz Pedro. Éramos levados por nossos desejos. Acreditávamos sermos livres e escolhermos livremente o que queríamos. Na verdade, entretanto, éramos impulsionados, quase obrigados a fazer as coisas de determinada maneira. Nós fazíamos o que todos também fazem, o que os outros nos convenceram que tínhamos que fazer. Estávamos sob o domínio da compulsão de consumir, sob a pressão de termos sucesso, sob a pressão de nossos próprios desejos, sob a compulsão da raiva, do ciúme e da fúria. Para os gregos, ser impulsionado pelos desejos é ser uma pessoa que é escrava e ignorante. Para Pedro, não nos tornamos livres somente por nossa vontade própria e, sim, quando encontramos Jesus. Quando eu encontro Jesus em oração, então eu me torno consciente do que faço e o motivo pelo qual vivo.

Encontrar Jesus significa ser liberto de meus velhos e insanos padrões de comportamento. Em grego significa: *mataias anastrophes*. Quer dizer, um modo de vida vão, fútil e vazio. É o que os budistas chamam de *maia*, viver com uma ilusão. Muitas vezes vivemos na ilusão de que escolhemos nossa vida. Na realidade, o que nos determina são os padrões de nossos pais e mães, que encontramos ao longo da vida. Pensamos ter o poder da autocrítica e não percebemos que continuamos a agir de acordo com o prejulgamento de nossos pais. Nós achamos que somos ambiciosos, sem perceber que estamos copiando o perfeccionismo de nossas mães.

A salvação de que Pedro fala em sua primeira carta significa ficar livre das ilusões que temos sobre nossas vidas, nos libertarmos dos padrões de comportamento inúteis que sempre nos atormentam, sermos libertos para a vida real. Pedro nos diz em sua carta que não estamos condenados a sempre repetir esses padrões. O nosso encontro com Cristo nos mostra como vivemos de forma inconsciente, como as ilusões nos regem. Em nossas orações a Cristo, o Salvador, nos despedimos de todas as falsas ilusões e nos distanciamos dos velhos padrões de comportamento que nos ditam, como a compulsão do perfeccionismo, de querer agradar a todos, e do padrão da autocrítica e da autopunição. Pedro nos conclama: "Pois fostes gerados de novo, não de semente corruptível, mas de incorruptível, mediante a Palavra de Deus, a qual vive e é permanente". Este é o fundamento de nossas vidas. Não estamos condenados a repetir o que fazíamos quando crianças. Nós nascemos novamente. Por meio do batismo ganhamos uma nova oportunidade, a possibilidade de Deus. Não somos mais somente os filhos de nossos pais e sim, também, os filhos de Deus. Nós não existimos para atender às expectativas de nossos pais e, sim, para formarmos a imagem verdadeira que Deus criou de nós. Só encontramos essa imagem verdadeira quando nos livramos de tudo de inútil que herdamos em nossas vidas.

A meditação sobre a Primeira Carta de Pedro deve levar você a se perguntar o que herdou de inútil de seus pais e que se faz presente em seu modo de vida, onde pode identificar os velhos padrões que o afastam de uma vida verdadeira, como Cristo nos ensina, que esconde o seu Eu verdadeiro, o Eu que Deus gerou. Talvez você possa identificar em sua vida compulsões, como a do perfeccionismo, que o obriga a fazer tudo 100% perfeito, que o impede de se satisfazer com as coisas que faz, que o impedem de aproveitar todos os momentos que Deus lhe oferece. Talvez essa compulsão se apresente na forma de um rigor muito grande perante as coisas em sua vida.

Conheço muitas pessoas que são muito rigorosas, que se proíbem ter anseios e necessidades e, não raro, autopunem-se quando sentem algum desejo. Essas pessoas andam por aí carregando consigo uma consciência constantemente pesada, carregam um sentimento de culpa de que Deus teria exigido delas que recusassem qualquer tipo de necessidade ou anseio e que Ele exige que só se doem para o bem-estar dos outros. Entretanto, essas pessoas não percebem que esta não é a vontade de Deus, e sim o rigorismo com que vivem suas vidas. Elas são rígidas consigo mesmas, na maior parte do tempo, por medo de ter algum sentimento agressivo ou anseios, medo de não conseguir mais controlar cada momento de suas vidas. Também conheço pessoas que querem controlar tudo em suas vidas, assim como seus sentimentos, sua agressividade, seus relacionamentos pessoais, seus trabalhos. Esses, em algum momento, perdem o controle de suas vidas, pois estão sempre com a ânsia de tudo controlar. Como um funcionário público que quer seguir todas as normas constrangedoras, e justamente isso o leva a negligenciar as decisões importantes de sua vida. Ele deseja que o setor no qual trabalha não seja nunca lesado. Ele quer ser sempre completamente correto. Entretanto, não vê que, agindo exatamente dessa forma, ele causa os maiores danos. Prejuízos muito maiores do que se tivesse agido de forma mais generosa em algum detalhe insignificante. Ele age da mesma forma com Deus, achando que deve oferecer uma devoção meticulosa a Ele. Na verdade, o que ele está seguindo é o caminho herdado de seus pais, está agindo por medo, medo da insegurança e do temor das consequências para si e para sua família caso não adquira o hábito de ser preciosista. Ele torna sua própria vida difícil. Cumpre incontáveis horas extras e nunca sai do trabalho, porque sua compulsão o domina. Tenho certeza que esses padrões não desaparecem assim tão fácil e imediatamente no momento que você se coloca aos pés de Cristo. Mas a fé de que Cristo nos libertará de nossos padrões destrutivos pode nos ajudar a reconhecer esse comportamento nada saudável e de nos manter longe dele.

Talvez você tenha a ilusão de que pode viver sem ter culpa alguma e que o mais importante é evitar tudo que possa lhe causar sentimento de culpa. Em nosso encontro com Cristo, somos libertos desse sentimento de ansiedade de sentirmos culpa. Eu presencio, em conversas de orientação espiritual, pessoas que sempre procuram a culpa de tudo em seus atos. Em todos os conflitos com os pais, procuram a culpa em si. Eu conheço uma mulher que não consegue libertar-se do sentimento de culpa que lhe foi incutido pela mãe. Ela não consegue defender-se das exigências exageradas que sua mãe faz. Quando não é capaz de realizar um dos desejos da mãe, ela sente automaticamente sentimento de culpa. Pode ser que a mãe não tenha muito tempo de vida e, então, depois ela se acusaria por não ter cumprido algum dos desejos. Ela vive na ilusão de que, fazendo tudo e atendendo a todos os desejos, ela possa viver sem culpa, principalmente perante aqueles que ela mais ama.

Ninguém de nós é completamente sem culpa. Por isso as pessoas conseguem tudo de nós, quando apelam para nossos sentimentos de culpa. Em oração a Cristo, que nos absolve de todas nossas culpas, podemos nos libertar de todas as ilusões. Nós nunca seremos completamente sem culpa. O importante é termos confiança em nossa própria intuição, de fazer todo o possível pelos outros, mas dentro de nossas possibilidades, e sabermos quanto de energia podemos despender para cumprir a tarefa de ajudar aos outros. O desejo inconsciente que muitos têm de se dedicar exclusivamente somente para os outros é um desejo sobre-humano. Este sentimento é uma ilusão. Jesus nunca teve este sentimento. Ele também se recolheu para ficar a sós com o Pai. Ele não se deixou perturbar quando o fez. Mesmo carregando esses sentimentos de culpa, nós devemos ir até Cristo e olhar para Ele. E, então, reconheceremos que esse sentimento de culpa aparece, então, quando estamos seguindo os padrões herdados de outros.

Eu sugiro a você um exercício. Escreva uma lista de tudo o que você faz em seu dia, no trabalho, quando telefona, quem você visita, e assim por diante. Então, em oração, pergunte a Jesus se, em tudo o que faz, você segue realmente aquilo que necessita fazer ou segue algum padrão antigo de comportamento, se você faz tudo do fundo do coração ou somente para saciar alguma necessidade que vem de fora. Talvez você consiga reconhecer todos os comportamentos sem sentido que herdou de seus pais. O encontro com Jesus em oração será para nos libertar de todos os nossos comportamentos compulsivos e das ilusões. Somente então podemos ouvir a suave e convidativa voz de Deus nos chamando e nos convidando a vivermos nossa vida como seus filhos e suas filhas.

Oração

Senhor Jesus Cristo, Tu me libertaste do poder de meu passado. Tu me presenteaste com uma nova vida, uma vida que é verdadeira, que justifica a imagem que Deus fez de mim. Eu te agradeço por teres me libertado da futilidade dos velhos padrões e obsessões. Dá-me teu Espírito para que eu viva consciente de que eu vivo minha vida do jeito que Tu me ensinaste. Amém.

9
O segredo de Cristo dentro de nós
(Fl 3,7-10)

Neste exercício espiritual nos exercitamos em uma vida formada pela união com Cristo, na nossa amizade com Ele. Como os seguidores de Cristo praticam isso em suas vidas, nos mostra Paulo na Carta de Filipenses. Nesta carta diz, no cap. 3, v. 7-10: "Mas o que para mim era lucro, passei a considerar perda, por causa de Cristo. Mais do que isso, considero tudo como perda, comparado com a suprema grandeza do conhecimento de Cristo Jesus, meu Senhor, por cuja causa perdi todas as coisas. Eu as considero como perda para poder ganhar a Cristo e ser encontrado nele, não tendo a minha própria justiça que procede da lei, mas a que vem mediante a fé em Cristo, a justiça que procede de Deus e se baseia na fé. Quero reconhecer a Cristo, e ao poder da sua ressurreição e à participação em seus sofrimentos, tornando-me como Ele em seu sofrimento".

Aqui, Paulo se refere ao conhecimento em Cristo, na *gnosis Christou Jesou*. Não é o conhecimento intelectual de Cristo, e sim um encontro mais íntimo com Ele, no qual somos completamente tomados por Cristo. Quando eu entendo quem foi este Jesus Cristo, quando eu experimento seu amor, que enfrentou a cruz por mim, eu vejo que o resto não tem valor. Então não importará mais se sou saudável ou doente, se as pessoas gostam de mim ou não, se tenho sucesso ou não, se encontro reconhecimento pelo que faço ou não, se minha vida é agradável ou não. A palavra "imundície" é usada por Paulo, com o sentido que a palavra tinha na linguagem corrente. Talvez você conheça o ditado que diz que, para aquele que ama, todo o resto é imundície, esterco, lixo. Para aqueles que amam Cristo, todo o resto não é mais importante. Vamos guiar nossos exercícios espirituais neste amor de Cristo e, assim, nos libertamos de todos os desafios diários. Muitos pensam que os exercícios são praticados para que carreguemos nossas forças para ter a capacidade de vencer seus cotidianos com base na fé. Mas, então, essas pessoas percebem, depois de pouco tempo, que o tanque de forças abastecido não durou muito e ficam com a impressão de tudo ter desaparecido. Eu não gosto muito de usar essa metáfora do tanque vazio ou cheio, pois se pode ficar com a impressão de que é possível fazer um reservatório de forças. Não se trata de reabastecimento, e sim de uma nova perspectiva. Quando nos encontramos com Cristo no retiro espiritual, então eu consigo ver o meu cotidiano sob uma luz totalmente nova. Então posso ver meus problemas reais de outra maneira e chegar à conclusão de que eles são somente lixo se comparados com a experiência de ter Cristo em minha vida.

O objetivo da vida, para Paulo, é estar em Cristo. Estar com Ele é muito mais, é pensar em Cristo, ser seu seguidor e obedecer aos mandamentos. Nós não somos somente os apóstolos de Cristo e, sim, na verdade, a comunhão com o próprio Cristo. Sobre o que isso significa concretamente, debatem os teólogos. Para mim é uma experiência de fé, que não se deve discutir ou questionar. Quando eu repito, em meditação, a oração de Jesus Cristo: "Senhor Jesus Cristo, Filho de Deus, tem misericórdia de mim", então eu sinto que Cristo está em mim e de que sou nele. Então eu sinto que Cristo é a minha realidade mais profunda, que Ele dita o meu pensar e sentir. Eu começo a viver realmente depois que Cristo penetra em minha vida e alma. Minha vida ganha outra qualidade quando estou em Cristo. Claro que eu também vivo no mundo. Entretanto, o mundo não me diz mais como devo ser. O que me orienta é Cristo, que é o meu fundamento. Este "estar em Cristo" me liberta de todas as normas do mundo e também de todas as normas que eu mesmo impus para minha vida. Paulo explica o novo padrão que o "estar em Cristo" nos dá da seguinte forma: ele não procura mais suas próprias regras, e sim as que vêm da fé em Cristo. Eu não preciso mais me provar nada, não é necessário mais me justificar se vivo de forma correta ou não. Quando estou em Cristo, então Ele me faz justo, me orienta na vontade de Deus, me transforma em uma nova pessoa, me permite viver de verdade. Cristo me invade com seu Espírito, com sua compaixão e amor. Ele me faz participar de sua ressurreição, me permite levantar de minha sepultura de resignação e autopiedade. Ele me ajuda a resistir a tudo que me impede de viver minha vida. Entretanto, isso também significa que eu tomo parte em suas dores. Se eu quiser transpor todas as barreiras que me impedem de viver plenamente minha vida, então eu também tenho que suportar as dores e o sofrimento. Na minha luta pela liberdade e pela vida, também ficarei ferido. Esses sofrimentos não serão mortais, e sim me mostrarão o caminho para renascer. Este renascimento começa com coisas que aparecem em meu cotidiano. A ressurreição ocorre em mim quando eu não fico parado diante de fracassos, quando não renuncio depois de alguma perda, não desisto de mim mesmo quando algo de ruim acontece, e sim continuo sempre em frente, com confiança de que o próprio Cristo está segurando minha mão e me dando suporte. E a ressurreição espera por mim no momento de minha morte. A morte não é o fim, e sim o começo da vida, é uma nova liberdade, que me liberta de todos os meus anseios e me enche de amor.

Para mim, a oração de Jesus Cristo é a perfeita representação do "viver em Cristo e com Cristo". Eu quero sugerir que você pratique a oração de Jesus neste exercício espiritual. Sente-se confortavelmente e controle sua respiração. Inspire lentamente. Deixe que sua respiração te transporte para dentro de você mesmo. E, então, junte a oração de Jesus ao ritmo de sua respiração. Ao inspirar você pode dizer: "Senhor Jesus Cristo", e, ao expirar, diga: "Filho de Deus, tem misericórdia de mim". Se achar que demora muito, então pode dizer simplesmente: "Jesus" ao inspirar e depois "Rogue por mim" ou "Misericórdia" ao expirar. Não pense muito nas palavras, e sim confie que, nesta palavra, o próprio Cristo está em você e que você seja cada vez mais invadido pela misericórdia de Cristo. Deixe que esta palavra o leve para o seu retiro interno, onde o próprio Cristo mora e que está cheio de sua misericórdia, calor e amor. Depois que fazer cerca de 20 a 30 minutos de exercício com a oração de Jesus, então você pode encontrar a sua paz e sentir o que significa estar em Cristo.

Muitas vezes eu vivencio, quando faço a oração de Jesus, uma sensação de bem-estar, que Cristo, cada vez mais, penetra em meu ser e me cerca com sua compaixão misericordiosa. Então, eu não sou mais comandado por sentimentos como raiva, medo, ciúme, tristeza e não me sinto vazio. A misericórdia de Jesus me traz uma paz profunda. Você não precisa reprimir os sentimentos negativos; traga simplesmente para dentro de você a oração de Jesus e as emoções que ela traz. Repita algumas vezes a oração de Jesus em meio aos seus sentimentos de raiva, medo e culpa: "Jesus Cristo, tem misericórdia de mim". Seus sentimentos irão se transformar e, de repente, você sentirá que não está mais rodeado por maus sentimentos. Você pode dizer, como Paulo disse: "Eu esqueço o que fica atrás de mim e me concentro no que está a minha frente". Eu me concentro em Jesus Cristo que está a minha frente e que quer, cada vez mais, transformar-me na sua própria imagem, na imagem invisível de Deus, que fica cada vez mais clara para mim.

Oração

Senhor Jesus Cristo, Tu me enviaste o teu espírito para morar em mim e para viver em mim. Eu agradeço por habitares em mim, por não me rejeitares ao perceber o caos do meu coração e pelo tumulto de minhas emoções. Eu te imploro para que deixes que eu sinta a tua presença amorosa em mim, que me libertes da proximidade dos outros que esperam algo de mim e que desejam me comandar. Quando habitas em mim, sinto-me bem para também me habitar; eu encontro meu equilíbrio, eu me encontro. Permite-me ter a mesma experiência libertadora de São Paulo, de que não mais sou eu que vivo e sim Tu que vives em mim. Permite que esta experiência fecunde o mundo. Amém.

10
Amor crucificado
(Jo 15,13; 21,15-17)

Neste exercício espiritual gostaria de me aprofundar no amor de Deus por nós, pessoas, e também, principalmente, no amor de Deus por cada um de nós. O amor de Deus por cada um de nós se faz mais visível na crucificação de seu filho. É a crucificação do amor. Na cruz, Jesus abre seus braços. Durante sua vida, Jesus tocou as pessoas. Ele abraçou crianças e curou doentes por meio de seu toque suave. O abraço é uma grande demonstração de amor. Entretanto, em um abraço eu também posso prender alguém. Na cruz, vejo um amor diferente, um amor que não aprisiona, e sim deixa livre. No momento em que Jesus abre seus braços, Ele nos mostra a essência de seu amor. É um amor de doação. Ele mesmo disse sobre este amor o seguinte: "Não existe maior amor do que dar sua vida por um amigo" (Jo 15,13). É um amor que se doa para dar a vida aos outros, é um amor de entrega, para que o outro floresça. Os braços abertos e esticados nos mostram que Jesus está aberto. Ele não guarda nada. Ele nos permite a aproximação total. Suas mãos presas e machucadas por cravos nos mostram que Ele se entrega totalmente e não luta contra as palavras que o machucam. Ele não se protege, pelo contrário, entrega-se à maldade deste mundo. Entretanto, Ele crê que sua fragilidade, sua vulnerabilidade perante a maldade do mundo, será superada pela força de seu amor. E, quando ele diz suas últimas palavras, diz: "Está feito". Esta é sua forma de nos demonstrar sua confiança. Confiança de que, mesmo na vulnerabilidade, seu amor é a maior força deste mundo, maior do que qualquer outra arma.

Para mim, a imagem mais marcante do amor de Cristo, que se entrega por nós, é seu coração. João conta que um dos soldados enfiou sua lança no flanco do corpo de Jesus e que, neste mesmo momento, da ferida jorrou, ao mesmo tempo, água e sangue. Sangue e água são, para João, sinais do Espírito Santo que brotou do coração de Jesus e jorrou para todas as pessoas. Durante sua vida, o amor de Jesus chegou às pessoas a quem Ele encontrou pelo caminho. Agora este amor é derramado sobre todo mundo, sem fronteiras, e todos que meditam e oram em Jesus, com seus corações abertos, também podem beber deste amor. Eu gostaria de convidá-lo para, junto comigo, vermos de perto este coração e também Jesus Cristo, e como, deste coração que sangra por nós, Jesus nos oferece seu Espírito para curar nossas feridas e nos permitir amar.

O coração que foi transpassado pela lança me mostra que não existe amor sem dor. Quando eu amo uma pessoa incondicionalmente, torno-me vulnerável, e assim que essa pessoa me magoa, abusa de minha confiança ou aparecem mal-entendidos, isso me atinge no coração. Eu não consigo me defender disso. Não posso me fechar para as pessoas com quem me importo ou amo. Elas podem até me ofender. Isso não me atinge. Entretanto, no momento em que um amigo que eu amo me machuca, ele me trespassa o coração, como com uma lança. Jesus também amou aqueles que o rejeitaram. Ele não se protegeu contra essas pessoas, não se tornou duro como uma pedra. Mas o amor, até aquele que sentimos por nossos inimigos, é, especialmente em sua vulnerabilidade e impotência, muito mais forte do que todo o ódio deste mundo. E este amor nos inunda de uma paz profunda. Isso nos fica claro quando Jesus perdoa seus assassinos com as palavras que Lucas nos lembra: "Pai, perdoa-lhes, porque não sabem o que fazem" (Lc 23,34). Jesus não se coloca em uma posição defensiva perante seus inimigos, pois isso os tiraria a vida e o amor. Ele sabe que mesmo aquele que, intencionalmente, me machuca, no fundo de seu coração não sabe o que faz, que o fez guiado por algum instinto ou compulsão que adquiriu no decorrer de suas vidas. Ele o faz, talvez, porque também foi machucado ou porque foi iludido e enganado pelo fanatismo ou pelo medo. Os assassinos de Jesus acreditavam estar matando um homem que blasfemava em nome de Deus. Assim também agem aqueles que são nossos inimigos, que têm alguma teoria sobre nós, que justificam a maldade com que nos tratam e que, talvez, os façam pensar que são pessoas tementes a Deus.

Se eu consigo dizer, assim como Jesus o fez: "Pai, perdoa-lhes, porque não sabem o que fazem", então eu não permito ser arrastado para o conflito. Eu me coloco acima da maldade, porque reconheço a ignorância e a cegueira. Se sou capaz de amar aos meus inimigos, então eles podem até me ferir, mas não têm poder sobre mim. O amor em mim é mais forte do que qualquer tentativa de me infectar com o veneno que é o ódio. O sangue e a água, que brotaram do flanco do corpo de Jesus, são sinais de que a maldade que existe não pode me contaminar e, sim, de que o amor é uma fonte poderosa, uma corrente violenta de energia que transforma o mundo.

Quando eu medito sobre o coração trespassado de Jesus na cruz, então invoco esse coração e esse amor. Eu me ponho a amar aquele que me amou até o último momento de sua vida. O coração machucado de Jesus também quer fazer com que nosso coração fechado se abra para que possamos amar, da mesma forma que somos amados por Deus. Alberto o Grande fala em troca de coração. Nós abrimos nosso coração para Cristo para que Ele possa morar nele. O coração de Jesus está aberto para nós para que possamos achar nosso lar, assim como Jesus deseja morar em nosso coração. Nós podemos dizer junto com Paulo: "E vivo, não mais eu, mas Cristo vive em mim; e a vida que agora vivo na carne, vivo-a na fé do Filho de Deus" (Gl 2,20). A pergunta que fica para respondermos é: Como devo amar a Deus e a Jesus Cristo? O amor por alguém eu consigo sentir. Este amor toma conta de todo meu coração, eu querendo ou não. Este amor rege todos os meus pensamentos e sentimentos. Já o amor a Cristo eu não sinto de forma tão emocional quanto o amor que sinto por outra pessoa. Entretanto, sou capaz de ter a experiência de sentir o amor de Deus por mim, amor este que abre minha vida toda para Deus. O seguinte exercício me ajuda muito nesta tarefa: Eu me sento embaixo de uma cruz e observo os braços abertos e o coração de Jesus Cristo, então eu medito sobre o amor crucificado, que se entregou completamente para mim. Muitas vezes, ao fazer esse exercício, sinto em mim o grande e profundo amor de Jesus. Junto com o amor por Cristo que cresce em mim, cresce também minha gratidão por ser tocado tão profundamente por este amor absoluto que é o amor de Deus crucificado. Quando faço lentamente com minha mão o sinal da cruz, guiando minha mão da testa até o peito e depois da direita para a esquerda, então eu sinto o amor incondicional de Cristo me tocando, a gratidão, o consciente e o inconsciente e todas as contradições que lutam dentro de mim.

Para a Igreja dos primeiros tempos do cristianismo, fazer o sinal da cruz significava que o amor de Deus penetrava em todo mundo. Quando eu faço este gesto me sinto inundado pelo amor de Deus, mesmo quando faço o sinal da cruz de forma inconsciente, lento ou rápido. Quando leio o Evangelho e com meu polegar faço o sinal da cruz sobre minha testa, lábios e peito, então sinto como a palavra de amor de Deus invade meu pensamento, fala e todos os sentidos sou transformado e meus pensamentos e palavras se tornam palavras de amor e posso sentir esse amor em meu coração. Nestes gestos silenciosos eu sinto o amor de Deus por mim e também reconheço o amor como uma qualidade em mim, como minha fonte de energia, que flui através de mim e vem direto de Deus para ser dado às pessoas que amo. Entretanto, meu amor por Deus é sempre um amor quebrado, incompleto. Eu sei que, após experimentar momentos de amor profundo, sucedem-se tempos desérticos de seca, nos quais minhas palavras de amor a Deus me parecem completamente sem sentido, quando reajo de forma quase alérgica aos pregadores que justificam tudo com o amor de Deus e que me dizem que devo falar sobre meu amor por Ele. Nesses momentos me ajuda muito a lembrar da conversa que Jesus teve com Pedro, depois de sua Ressurreição, às margens do Lago Tiberíades, e que a passagem de Jo 21,15-17 nos lembra. Jesus chama Pedro três vezes: "Simão, filho de João, amas-me mais do que estes?" Pedro fica extremamente triste, pois se lembra das três vezes em que negou Cristo. Entretanto, desta vez, ele pode três vezes fazer um juramento sagrado de seu amor por Cristo. Ele responde humildemente: "Senhor, sabes tudo, Tu sabes que te amo" (Jo 21,17). "Tu sabes de minha traição e de minha infidelidade e minha inconstância. Tu sabes que em meu amor há muito egoísmo e calculismo, que eu muitas vezes volto meu amor somente para mim. Mas Tu também sabes que eu te amo. Tu sabes que em meu coração há algo que é verdadeiro e forte, que quer te amar da minha maneira, sem limites." Em todo ato de infidelidade que me faz afastar do amor de Deus, mesmo assim, em meu coração, eu continuo amando Deus. Em meu coração existe, pelo menos, a necessidade enorme de amar a Deus com toda minha alma, minha força e em todos os meus pensamentos. Em meu sentimento de humildade e de forma modesta, então, digo como Pedro disse: "Senhor, Tu sabes tudo. Sabes que eu te amo, ou pelo menos desejo amá-lo".

Eu quero encorajá-lo para que você também, sempre que possível, sente-se sob a cruz. Olhe para os braços abertos de Jesus. Eles são sinais de um amor que não acaba e não aprisiona, que liberta e se doa totalmente a você. Deixe-se abraçar e ser invadido por este amor do Cristo crucificado. E, então, observe o coração aberto de Jesus; observe como de dentro dele flui o amor por nós. Deixe que este amor de Cristo aja sobre você. Talvez cresça dentro de você um amor correspondente. Agradeça, então, do fundo de seu coração e expresse seu amor pelo Cristo crucificado e ressuscitado. Talvez você possa iniciar os seus exercícios espirituais de todo dia com o sinal da cruz, e assim expressar como foi tomado em todo o seu ser pelo amor de Deus. Você também pode fazer um grande gesto representando a cruz. Fique em pé e estenda seus braços até a altura dos ombros e abra-os, com as palmas das mãos voltadas para cima. Imagine como o mundo se abre sob suas mãos e você pode alcançar todo o universo, e como você, com os braços abertos, ama tudo que encontra pela sua frente, ama mesmo as contradições que existem dentro de você e também aquilo que às vezes o faz triste. Talvez você, então, entenda o que Jesus quis dizer quando falou as seguintes palavras, neste gesto de braços bem abertos: "Ninguém tem maior amor do que aquele que dá a sua vida por seus amigos". Talvez, então, cresça dentro de você um amor como este, que liberta em vez de prender, que se doa em vez de exigir algo, que flui de dentro de você, como o jorro de sangue e água que brotou do coração de Jesus, que se entrega aos outros, que morre pelos outros em vez de matar pelo controle e pelo ciúme. Eu desejo que o amor do próprio Cristo crucificado lhe encha de uma paz profunda e de uma gratidão jubilosa.

Oração

Senhor Jesus Cristo, Tu deste a tua vida na cruz por mim, porque Tu me amas. Tu me amaste até o depois de tua morte. Tu me abriste teu coração, no momento de tua morte, para que eu, dentro dele, encontre abrigo para minha ansiedade, para minhas dúvidas e meu sentimento de culpa. Eu te agradeço por teu amor, que me liberta e me faz viver. Eu te rogo para que me permitas guardar teu amor dentro de mim, para que ele, através de mim, flua até todas as pessoas que eu encontrar em meus dias. Faze-me receptivo para o teu amor e para que eu possa descobrir a razão de minha existência por meio do teu amor. Amém.

11
Amor até depois do fim
(Jo 13,1)

Para mim, faz parte dos exercícios espirituais entender uma das maiores provas de amor de Cristo a nós, que é a Eucaristia. A chave que nos abre os mistérios da Eucaristia começa a se mostrar nos primeiros versículos do cap. 13 do Evangelho de João, onde lemos: "Antes da Festa da Páscoa, sabendo Jesus que chegara a sua hora de passar deste mundo ao Pai, como amasse os seus que estavam no mundo, até o extremo os amou" (Jo 13,1). João menciona nessa passagem a Eucaristia e não a lavagem dos pés. Na representação da lavagem dos pés, João expressa como sua vida foi marcada pela influência de Jesus e o que Ele quis transmitir para seus discípulos na última ceia. Para João, a encarnação de Jesus é o manifesto do amor de Deus. "De tal modo Deus amou o mundo, que lhe deu seu Filho único, para que todo o que nele crer não pereça, mas tenha a vida eterna" (Jo 3,16). As pessoas ficaram incapazes de amar por causa da culpa que carregam em si. Elas se fecharam. Então veio Jesus, para libertar a humanidade por meio de seu amor, fazendo com que as pessoas sejam capazes de amar novamente. Ele curou doentes, aproximou-se amorosamente de cada chaga que escondemos de nós mesmos e dos outros. Isso fica mais evidente na lavagem dos pés, quando Jesus se ajoelha para nos tocar as feridas mais dolorosas de nossos pés e as curar, lavar nossos pés do pó da terra que esconde as chagas, machucados que adquirimos atravessando desertos e dificuldades que encontramos pelo caminho. Os antigos nos falam sobre o ponto fraco do calcanhar de Aquiles. Mas a grande ferida que nos machuca é a da morte e da solidão que vem com a morte. Sobre esta chaga ajoelha-se Jesus em sua morte na cruz, para nos tocar este ferimento aberto dentro de nossos corações e nos curar. Ao morrer, Jesus pronuncia as mesmas palavras que diz João na lavagem dos pés. Jesus nos ama até o fim. Antes de morrer Ele nos diz: "Está feito".

João nos demonstra nas passagens da lavagem dos pés e no discurso de despedida qual é o significado da Eucaristia. Na Eucaristia nós celebramos o amor de Jesus, e também, por sermos amados por Ele, até o último momento de sua vida e ainda após sua morte. Convidar alguém para dividir a comida é um grande ato de amor. Quando Jesus se transforma em comida e bebida para se doar a nós é uma grande expressão de seu amor, é como se ganhássemos um beijo amoroso. Quando Jesus nos oferece seu sangue transmutado em vinho, então percebemos que seu sangue é mais doce do que o vinho. Nós bebemos do amor divino para nos tornarmos novamente capazes de amar ao próximo. Em cada Eucaristia Jesus nos prova seu amor que vai além da morte. Cristo se ajoelha até nossos ferimentos e doenças e nos toca os pés, que ficaram sujos no caminho que percorremos no cotidiano e que escondem as feridas com culpa e com maldade. Ele nos toca e nos purifica. É na Eucaristia que Jesus nos deixou o seu legado de amor. Na Eucaristia fica visível e tangível tudo o que Cristo fez durante toda sua vida. Todas as palavras de amor que Ele nos falou, como nos mostram o amor de Deus Pai, as palavras que vêm de seu coração bondoso. Ele motivou e encorajou pessoas que não se aceitavam e não se amavam a continuar acreditando em si mesmas. Ele lhes mostrou o valor que carregam em seus interiores, mostrou-lhes sua dignidade inviolável. Cristo trouxe o amor de Deus para pecadores que tinham sido excluídos da sociedade por crentes, Ele os mostrou um novo caminho até o Criador. Ele mostrou às pessoas, em parábolas e nos exemplos de suas experiências de vida, o que Deus tinha para lhes dizer, para onde deveriam voltar seus olhos.

João fala do discurso de despedida que Jesus fez na última ceia tomada junto com seus discípulos. Neste discurso Cristo fala mais uma vez sobre sua morte e conta o que se passava em seu coração. As palavras deste discurso são palavras de amor, que eliminam as fronteiras entre céu e terra, entre Deus e as pessoas, entre a vida e a morte. Cristo mesmo nos diz essas palavras de amor na Eucaristia. Ele direciona essas palavras do céu direto para nós, e com isso se faz presente no meio de nós. Então se torna verdade aquilo que Jesus disse em seu discurso de despedida: "Depois de ir e vos preparar um lugar, voltarei e tomar-vos-ei comigo, para que, onde eu estou, também vós estejais" (Jo 14,3). Na festa da Eucaristia nós estamos onde Jesus está. Estamos no círculo dos discípulos. Jesus nos abre seu coração em sua palavra e em sua ceia. Ele doou a si mesmo: "Tomai e comei. Este é o meu corpo". Eu me dou para vocês para que façam parte de minha vida, para que acreditem em meu amor e no amor do Pai e para que amem ao próximo da mesma forma. "Dei-vos o exemplo para que, como eu vos fiz, assim façais também vós" (Jo 13,15).

No discurso de despedida da última ceia, na lavagem dos pés e com sua morte na cruz, Jesus deixou visível para o mundo os sinais de seu amor. E, em cada Eucaristia, esses sinais se renovam e ficam visíveis aos nossos olhos. Nós celebramos a Eucaristia, também, para que nos tornemos um espelho dos sinais de amor pelo mundo afora. Sobre Jesus se diz: "Sabendo Jesus que o Pai tudo lhe dera nas mãos, e que saíra de Deus e para Deus voltava, levantou-se da mesa, depôs as suas vestes e, pegando de uma toalha, cingiu-se com ela" (Jo 13,4). Ele nos dá mais um sinal de amor. Nós também sabemos, assim como o sabia Jesus, que nós viemos de Deus e para Ele também retornaremos. A pergunta que fica é: Qual sinal de nosso amor queremos deixar? A Eucaristia não é somente a última ceia de Jesus e, sim, também a nossa própria. Quando celebramos a morte e ressurreição de Cristo, então tomamos consciência de nossa própria finitude. Nós enxergamos que também somos somente convidados a visitar esta terra. A Eucaristia é um convite a todos nós, para que nos lembremos de nossa despedida e para vivermos, então, de modo a deixar às pessoas um sinal de nosso amor, que permanecerá. Tente, nos próximos dias, entender o sentido da celebração da Eucaristia. Sinta o que significa quando dizemos que Jesus nos amou até seu último momento de vida e que Ele se doou para que possamos beber seu sangue e comer o seu corpo. Reflita, então, o que você poderia fazer para que as pessoas creiam que, assim como Jesus, também você ama as pessoas que encontra em seu caminho até o fim, e que essas pessoas têm valor, e este amor é a verdadeira mensagem, a última palavra que deseja deixar quando partir.

Na Igreja oriental, geralmente, os fiéis recebem a Santa Comunhão com um gesto de braços cruzados sobre o peito. Nos próximos dias tente meditar fazendo este gesto. Cruze os braços sobre o peito e imagine que o coração de Cristo mora em você, cheio de seu amor. Com este gesto, de braços cruzados sobre o peito, você guarda este amor de Cristo no coração e percebe que guarda o tesouro mais valioso que existe. Imagine o amor de Cristo como se fosse um fogo que o consome, que o toma por todo e o enche com seu calor e ternura. E, então, pense nas pessoas que você ama e imagine como este amor sai de seu coração e flui através deles também; imagine que isso não o deixa pobre e, sim, o presenteia com uma nova vitalidade e o enche com uma paz interior profunda. Tenha consciência do amor de Deus que você guarda em seu coração e pense que ele é suficiente para si e para todos que cruzam o seu caminho.

Oração

Senhor Jesus Cristo, eu te agradeço por seu legado de amor que Tu nos presenteia em cada ato de Eucaristia. Eu agradeço por Tu me tocares com suas mãos carinhosas em cada Eucaristia e por me inundares com teu amor e por eu me tornar somente um em ti e por teres te doado por mim. Dá-me um coração receptivo para que eu te aceite em mim, para que Tu possas curar todos os meus ferimentos e minhas doenças e para que eu receba tua palavra de amor em meu corpo e para que eu fique aberto ao teu amor. Amém.

12
A ressurreição em meu cotidiano
(Jo 21,1-14)

*E*stes exercícios espirituais deveriam ser praticados todos os dias. Para muitos, a introdução deste exercício espiritual no cotidiano é um pouco decepcionante. No retiro espiritual você se sente bem, sente a presença de Deus e ninguém exige nada de você. Então, fica com a impressão que pode iniciar o seu dia de forma renovada. Entretanto, no momento em que o tumulto de seu cotidiano se apodera de você, não sobra muito de suas intenções iniciais. Para que você também possa se sentir assim em seu dia a dia, eu gostaria de sugerir a meditação sobre uma passagem narrada por Jo 21,1-14. Os discípulos voltam para sua rotina na Galileia e retomam seu trabalho de pesca. Simão Pedro convida outros seis discípulos para pescar com ele. Eles formam um pequeno grupo de sete pessoas. Sete é um número divino e simboliza a conexão de Deus com os homens, do terreno e do divino. Este grupo, que trabalha junto, torna-se uma pequena comunidade, que divide a fé e traz a ressurreição para o cotidiano. Os discípulos são um exemplo para mim de que, também como eles, eu posso me tornar a Igreja com as pessoas com as quais eu trabalho, que dividem o cotidiano comigo. É um exemplo de como um grupo que está junto no dia a dia também pode transformar-se em uma congregação de fé e levar onde estiver a Palavra de Deus e da fé na ressurreição. Em um primeiro momento este grupo não se parece com uma congregação de fé. Os discípulos pescam a noite inteira, mas não conseguem pescar nenhum peixe. Na manhã seguinte eles retornam decepcionados e resignados. Tudo é cinza e sem consolo. Tudo que fizeram foi em vão. Em meio a este sentimento de resignação e desilusão, diz João: "Chegada a manhã, Jesus estava na praia. Todavia, os discípulos não o reconheceram. Perguntou-lhes Jesus: Amigos, não tendes acaso alguma coisa para comer? Não, responderam-lhe. Disse-lhes Ele: Lançai a rede ao lado direito da barca e achareis. Lançaram-na, e já não podiam arrastá-la por causa da grande quantidade de peixes" (Jo 21,4-6). Nesta manhã cinzenta, à margem do rio, está o Ressuscitado para a vida, e faz contato com eles. Ele os fala com o carinho de quem fala com crianças e Ele os pergunta o que eles têm para lhe mostrar, o que eles têm para comer. Jesus está me perguntando se eu tenho, no meu cotidiano, o suficiente para me alimentar. E Ele me aconselha, me mostra a encontrar aquilo que Ele está me presenteando. Ele me oferece tudo o que eu preciso para viver. Eu devo continuar fazendo o que fazia antes do retiro espiritual. Entretanto, devo fazer essa atividade de forma consciente. Isso é o que Ele quer dizer com o lado direito. Eu não devo seguir em frente de forma inconsciente e continuar simplesmente fazendo o que sempre fiz. Devo fazer o que faço de forma atenta e cuidadosa, devo prestar toda a minha atenção àquilo que faço, naquilo em que trabalho. E, de repente, tudo ficará diferente, eu irei perceber o esforço de Deus. Não devo fazer meu trabalho pensando somente em firmar meu nome, e sim percebendo Jesus a minha volta. Em tudo que faço, devo ser consciente de que trabalho a serviço de Deus e não a meu serviço. A mim ajuda muito lembrar isso, quando levanto pela manhã digo: "Em teu nome eu me levanto e a teu serviço inicio mais um dia". De fato, os discípulos pescam tantos peixes que suas redes quase rasgam. Eles pescam 153 peixes! Este também é um número simbólico. Evágrio Pôntico interpreta este número de uma forma nada convencional. Para ele, 100 representa o quadrante, 28 o triângulo e 25 a esfera. Então, assim sendo, o número 153 significaria que todas as formas se encontram em uma. Quando eu oriento meu cotidiano, de forma consciente, nos ensinamentos do Cristo ressuscitado, junto todas as formas, uno tudo o que, por natureza, não ficariam juntas, posso me harmonizar também nas coisas contraditórias, que muitas vezes me dividem. Eu sou capaz de unir a oração ao trabalho, minha profissão e família, meus diferentes sentimentos e necessidades. Tudo torna-se somente um. Tudo pode ser o que é. Tudo faz sentido. Tudo que é quadrado ou com ângulos retos arredondam-se. O que antes não fazia sentido une-se e passa a ser somente um. Você joga a sua rede e quase não consegue recolhê-la, pois ela está carregada de peixes. Assim diz Pedro, o discípulo que Jesus amava: "É o Senhor! Quando Simão Pedro ouviu dizer que era o Senhor, cingiu-se com a túnica (porque estava nu) e lançou-se às águas" (Jo 21,6). Para mim, a frase "É o Senhor!" é o caminho certo para encontrarmos o ressuscitado em nosso cotidiano. Faz parte deste exercício espiritual a tarefa de trazer a oração para nosso dia a dia e nos deixar guiar. "É o Senhor!" O Senhor está comigo, mesmo quando estou em meu escritório usando o computador. "É o Senhor!", quando estou cantando no coro da igreja. E "É o Senhor!" também quando ando pela cidade. Quando eu repito essa frase diariamente, para tudo que é contraditório, vejo tudo por um novo ângulo. Então eu sei que a ressurreição aconteceu em minha vida cotidiana, pois quero trazer a ressurreição para o meu cotidiano, mesmo que seja nas tarefas mais banais. A manhã cinzenta fica mais clara e completamente diferente. Dessa experiência surge um novo relacionamento com Jesus Cristo, o ressuscitado. Aonde Jesus chega, acende-se uma nova luz em tudo o que faço. Eu renasço em tudo o que faço e aos olhos de Deus. Assim, eu também transformo a atmosfera que existe a minha volta. Não estou mais sozinho. O próprio ressuscitado está ao meu lado e enche minha vida com seu calor e com a luz da ressurreição.

Quando os discípulos recolheram a rede carregada com os 153 peixes até a margem do rio, Jesus assou o peixe e o pão em um braseiro. Para mim isso faz toda a lógica, pois no início da passagem Jesus pediu aos discípulos peixe. Entretanto, a ressurreição nem sempre é lógica. Quando vivemos nossa rotina de forma consciente e nos orientamos para Jesus, então encontramos, também, alimento suficiente e, assim, vivenciamos a ressurreição. O ressuscitado diz aos discípulos: "Vinde e comei! Nenhum dos discípulos ousou perguntar-lhe: Quem és Tu?, pois bem sabiam que era o Senhor" (Jo 21,12). Esta é uma atmosfera única. É o prórpio ressuscitado que está entre nós. Entretanto, nenhum deles ousa perguntá-lo. Eles simplesmente sabem que Ele é o Senhor. De uma hora para outra, a manhã cinzenta fica clara e uma atmosfera íntima e suave se faz entre o Ressuscitado e os discípulos. Eles comem juntos, da mesma forma como você também já dividiu a comida com Jesus tantas vezes em sua vida. "Jesus aproximou-se, tomou o pão e lhes deu, e do mesmo modo o peixe" (Jo 21,13). João descreve este jantar como Eucaristia. Em cada Eucaristia é o próprio ressuscitado que entra em nossa vida. Ele entra na rotina cinzenta, vindo da outra margem, do céu. Neste momento, o estranho transforma-se em lar, o frio em calor, o cinza na mais linda luz da manhã. Jesus dá aos discípulos o pão e o peixe. O pão representa o alimento diário, que nos dá forças para fazermos nosso trabalho. O peixe é o alimento do imortal, o alimento do paraíso. Em toda Eucaristia, Cristo nos fortalece com seu peixe e seu pão para as tarefas diárias. Mas, também, a luz do paraíso se ilumina em cada Eucaristia e Cristo nos presenteia a imortalidade do alimento de seu corpo e seu sangue. Do meio do cinza do desconhecido surge a luz do lar, confiante de que o Senhor agora está no céu, ao lado do Pai, mas também ao nosso lado, em nosso cotidiano, tocando-nos com sua luz divina e seu amor.

Mas a refeição matinal de peixe e pão não é a Eucaristia, e sim o nosso encontro com o ressuscitado.

Quando dizemos as palavras "É o Senhor!" em todas as situações de nosso cotidiano, se acreditarmos que o ressuscitado está ao nosso lado nos momentos de tristeza e nas manhãs cinzentas, então a neblina densa se abre e podemos ver o ressuscitado que nos oferece pão e peixe. Ele nos dá força o suficiente para que possamos fazer todas as tarefas diárias, e Ele também nos oferece o alimento da imortalidade. Só conseguimos cumprir as tarefas de nossa rotina se sabemos que a vida não é somente isso, que nosso lar é o céu e que nossos corações estão cheios da imensidão e da liberdade provindas de Deus. A ressurreição interrompe a rotina do cotidiano e deixa a luz da eternidade entrar noite adentro.

A história da ressurreição às margens do Mar da Galileia faz com que rompamos com nosso cotidiano. Ela tem o objetivo de reforçar a fé dentro de nós, fé de que o ressuscitado está no meio de nosso trabalho, aparece nas tarefas cotidianas e transforma vidas. Os exercícios espirituais são bons para você exercitar uma nova forma de ver o seu dia a dia. Eles nos dão novos olhos para que possamos ver Cristo em tudo o que fazemos, para que possamos reconhecer Cristo como aquele que está sempre em nossas vidas para abrandar as manhãs cinzentas com o calor de sua presença e como aquele que está às margens da eternidade e lá nos espera. Desta forma você pode analisar seu cotidiano de forma bem objetiva e concreta. Comece as manhãs, desde o momento em que o despertador o acorda, analisando cada hora de seu dia. Você toma seu banho, veste-se, ora, toma seu café da manhã e vai para o trabalho. Imagine que, em todos os momentos, o próprio ressuscitado está ao seu lado. Você pode dizer em qualquer situação: "Ele é o Senhor!" Talvez perceba, surpreso, como viveu até o momento sem contato com Cristo, como o dia a dia corria de forma automática. Entretanto, quando você faz tudo de forma consciente e cuidadosa, consciente da presença de Cristo em sua vida, então, o cotidiano transforma-se. Você se tornará uma pessoa mais agradecida e verá como as coisas contraditórias se harmonizam, como conseguirá resolver problemas que pareciam impossíveis de solucionar, como a vida recomeçará. Isso não é mérito seu, e sim a vivida experiência da ressurreição em sua vida.

A ressurreição não é algo estranho e incompreensível, ela significa que cada um pode experimentar recomeçar a sua vida. Não é importante discutir sobre se o sepulcro de Cristo estava mesmo vazio ou não. O que importa é acreditar que o ressuscitado quer me pegar pelos braços e me levantar, acreditar que a ressurreição é uma realidade e que se concretiza quando eu sinto medo, quando me encaminho para uma reunião, quando tenho a coragem de sair de um relacionamento que não me faz bem, quando me levanto do sepulcro da minha autopiedade, quando me levanto a meu próprio favor porque o próprio Cristo está ao meu lado. No final deste retiro espiritual, desejo que você viva sempre a ressurreição em sua vida, em suas palavras, em meio às disputas e em tudo o que você faz.

Oração

Senhor Jesus Cristo, em tua ressurreição Tu transformaste a manhã cinza de meu cotidiano com tua luz divina. Deixa que eu me erga, como ressurreito, em todas as situações de meu cotidiano, no meu trabalho, em minhas desilusões, quando eu estiver sozinho ou acompanhado. Permite-me reconhecer que atravessaste as margens da eternidade e entraste em minha vida e banhaste minha existência com tua luz. Permite que eu experimente a ressurreição em meu cotidiano, que eu me levante do meu sepulcro de medo e resignação, permite-me retomar minha vida, que Tu me presenteaste. E permite-me reconhecer, assim como João, que Tu já estás presente em minha vida e que eu consiga dizer a todos: É o Senhor! Amém.

CULTURAL

Administração – Antropologia – Biografias
Comunicação – Dinâmicas e Jogos
Ecologia e Meio Ambiente – Educação e Pedagogia
Filosofia – História – Letras e Literatura
Obras de referência – Política – Psicologia
Saúde e Nutrição – Serviço Social e Trabalho
Sociologia

CATEQUÉTICO PASTORAL

Catequese – Pastoral
Ensino religioso

REVISTAS

Concilium – Estudos Bíblicos
Grande Sinal
REB – SEDOC

TEOLÓGICO ESPIRITUAL

Biografias – Devocionários – Espiritualidade e Mística
Espiritualidade Mariana – Franciscanismo
Autoconhecimento – Liturgia – Obras de referência
Sagrada Escritura e Livros Apócrifos – Teologia

VOZES NOBILIS

Uma linha editorial especial, com importantes autores, alto valor agregado e qualidade superior.

PRODUTOS SAZONAIS

Folhinha do Sagrado Coração de Jesus
Calendário de mesa do Sagrado Coração de Jesus
Agenda do Sagrado Coração de Jesus
Almanaque Santo Antônio – Agendinha
Diário Vozes – Meditações para o dia a dia
Encontro diário com Deus – Guia Litúrgico

VOZES DE BOLSO

Obras clássicas de Ciências Humanas em formato de bolso.

CADASTRE-SE
www.vozes.com.br

EDITORA VOZES LTDA.
Rua Frei Luís, 100 – Centro – Cep 25689-900 – Petrópolis, RJ
Tel.: (24) 2233-9000 – Fax: (24) 2231-4676 – E-mail: vendas@vozes.com.br

UNIDADES NO BRASIL: Belo Horizonte, MG – Brasília, DF – Campinas, SP – Cuiabá, MT
Curitiba, PR – Florianópolis, SC – Fortaleza, CE – Goiânia, GO – Juiz de Fora, MG
Manaus, AM – Petrópolis, RJ – Porto Alegre, RS – Recife, PE – Rio de Janeiro, RJ
Salvador, BA – São Paulo, SP